总第10卷 第1辑（2021）

盛京法律评论

SHENGJING LAW REVIEW

主编 杨松 郭洁

主办 辽宁大学法学院

知识产权出版社
全国百佳图书出版单位
—北京—

图书在版编目（CIP）数据

盛京法律评论．总第 10 卷．第 1 辑：2021/杨松，郭洁主编．—北京：知识产权出版社，2021.9

ISBN 978－7－5130－7688－3

Ⅰ．①盛…　Ⅱ．①杨…　②郭…　Ⅲ．①法律—文集　Ⅳ．①D9－53

中国版本图书馆 CIP 数据核字（2021）第 176544 号

责任编辑：石红华　　**责任校对**：谷　洋

封面设计：臧　磊　　**责任印制**：孙婷婷

盛京法律评论·总第 10 卷　第 1 辑（2021）

杨松　郭洁　主编

辽宁大学法学院　主办

出版发行：知识产权出版社有限责任公司	**网　　址**：http：//www. ipph. cn
社　　址：北京市海淀区气象路 50 号院	**邮　　编**：100081
责编电话：010－82000860 转 8130	**责编邮箱**：shihonghua@ sina. com
发行电话：010－82000860 转 8101/8102	**发行传真**：010－82000893/82005070/82000270
印　　刷：北京建宏印刷有限公司	**经　　销**：各大网上书店、新华书店及相关专业书店
开　　本：787mm×1092mm　1/16	**印　　张**：11. 75
版　　次：2021 年 9 月第 1 版	**印　　次**：2021 年 9 月第 1 次印刷
字　　数：165 千字	**定　　价**：58. 00 元

ISBN 978－7－5130－7688－3

目　录

【理论园地】

【实务研究】

【比较法视野】

【学术新声】

CONTENTS

【理论园地】

《民法典》规定的遗产信托的罗马法起源、比较法状况和我国适用

徐国栋*

内容摘要：《民法典》第1133条第4款对于遗产信托做了简单规定。如何适用这一规定？第一种思路是按《信托法》关于信托的定义适用。但如此会排斥在大陆法系国家民法典中存活的“二传手”型信托、以后位继承的名义存在的家人遗产信托以及信托替补，造成法律资源的损失，也无视了我国基本上是个大陆法系国家的现实。遗嘱信托的概念搬用于《信托法》，但制定该法时我国学界和立法界对信托的认识水平较低，造成了信托概念涵盖面的狭窄。法律一旦诞生，就具有了自己的生命，所以，遗产信托概念进入《民法典》就具有了独立性，可以赋予它新的含义，甚至反过来以此等新认识更新《信托法》中的老概念。所以，应超越《信托法》制定者对遗嘱信托的理解适用《民法典》规定的遗嘱信托，认定其适用有“二传手”型、后位继承型、信托替补型。甚至于长子继承制型的遗产

* 厦门大学法学院罗马法研究所特聘教授，法学博士。

信托，在我国摆脱独生子女时代后，也不排斥有适用的空间。另外，英美法中的荣誉信托在大陆法中表现为以动物和遗嘱人亡魂为受益人的信托，它们存在于我国的生活实践中，符合民情风俗，也可考虑为《民法典》规定的遗产信托制度的适用形式。

关键词： 遗产信托　二传手型信托　家人遗产信托　后位继承　长子继承制

《民法典》第1133条第4款规定：自然人可以依法设立遗嘱信托。该款来自2001年颁布的《信托法》第13条第1款规定：设立遗嘱信托，应当遵守继承法关于遗嘱的规定。此款申明设立遗嘱信托的文书应遵守《继承法》规定的遗嘱格式和其他要求，反过来说明遗嘱可用来设立信托。《民法典》第1133条第4款在19年后对此做出回应，增加了遗托的遗产移转方式，与法定继承、遗嘱继承、遗赠并列。但整个《民法典》只有这一处提到信托，遗嘱信托是什么，如何运作？概无言语，让人想到这些方面要适用《信托法》的规定。但《信托法》只有两条提到遗嘱信托，上面已介绍了一条中的一款，另一款处理受托人不能或不愿就任的问题。另一条（第8条）确定遗嘱构成设立信托的书面形式之一。所以，《信托法》也未就上述问题做出充分的解答。不妨说，第1133条第4款是一个木马条款，[1] 意味着需要大量的解释补立法的不足。

从词义来看，遗嘱信托包括遗嘱执行信托和遗产管理信托。遗嘱执行信托实际上是指定遗嘱人执行人，其主要职责为清理遗产、收取债权、清偿债务、税款及其他支付、遗赠物的分配、遗产分割等。遗产管理信托是指主要以遗产管理为目的而进行的信托业务。[2] 由于《民法典》第1133条第1款已专门规定遗嘱执行人制度，所

[1] 关于木马条款的含义，参见苏永钦：《现代民法典的体系定位与建构规则——为中国大陆的民法典工程进一言》，载《交大法学》2010年第1卷，第76页。

[2] 杨立新主编：《中华人民共和国民法典释义与案例评注》（第6册），中国法制出版社2020年版，第161页。

以，应理解为《民法典》第1133条第4款规定的遗嘱信托专指遗产信托。

遗嘱信托起源于罗马法，在大陆法和英美法中皆有其衍生形式，所以，考察遗产信托制度的罗马起源及其比较法形态，对于建构适用第1133条第4款的学理解释以及进一步的司法解释，当富有意义。

需要说明的是，罗马法中的信托制度二元起源，适用广泛。大致言之，有起源于Fiducia的信托和起源于Fedeicommissum的信托。前者包括管理信托（fiducia cum amico）和担保信托（fiducia cum creditore），后者属于转给信托。[1] 为了集中笔墨，本文只研究转给信托的起源、发展及其在现代主要国家民法中的衍生形态。Fiducia与Fedeicommissum的区分，是活人间的行为与死因行为的区分，所以，本文只讨论作为死因行为的遗产信托，对于论域广阔的Fiducia的起源及其现代衍生形式，存而不论。

一、遗产信托的罗马法起源和历史沿革

（一）遗产信托的起源和发展

罗马法上的信托是为了规避法律的禁止性规定产生的。罗马法采用原子论的能力观，权利能力分为遗嘱能力、合同能力等多种。遗嘱能力又分为积极的和消极的，前者是订立遗嘱遗留财产给他人的能力，后者是根据他人遗嘱取得遗产的能力。一个有积极遗嘱能力的人想把遗产留给一个不具有消极的遗嘱能力的人，为市民法所不许。这种不许针对的对象大致有：外国人、违反奥古斯都的婚姻法独身或婚而不育者、一定情况下的女儿。为了规避法

[1] 李世刚：《论〈法国民法典〉对罗马法信托概念的引入》，载《中国社会科学》2009年第4期，第106页。

律的禁令，遗嘱人往往委托自己信任的人取得自己的全部或部分遗产，然后让他转交为法所禁不能取得自己遗产者。这样的交易不合法，所以法律不保护。它能否落实，全靠受托人的信用。当然发生过不少不负他人之托的美谈，但也有一些背信弃义的案例，即受托人利用交易的违法性“黑掉”信托人的遗产的案例。“美谈”的案例有如：盖尤斯·普罗求斯（Gaius Plotius）为了规避无夫权婚姻中的妻子不得继承丈夫的禁令，把自己的遗产留给绥克斯图斯·佩杜切奥（Sextus Peduceo），此事无第三者知，但佩杜切奥不负所托，找到普罗求斯的妻子把遗产交给了她，被传为美谈。[1] 背信弃义的案例有昆图斯·法丢斯·噶鲁斯（Quintus Fadius Gallus）遗产信托案。按照《沃科纽斯法》，身家在10万塞斯特斯以上的罗马市民不得把遗产留给自己的女儿，以防止奢侈。为了规避这个禁令，昆图斯·法丢斯·噶鲁斯把遗产留给普布流斯·绥克斯提流斯·路福斯（Publius Sextilius Rufus），委托他转交给其女儿法迪娅（Fadia），路福斯与朋友商量后，决定只把《沃科纽斯法》允许的份额给法迪娅，自己得到了其他遗产，被传为恶谈。[2] 奥古斯都为这些案例所震撼，于公元前30多年承认了遗产信托制度的合法性。继而，克劳丢斯皇帝设立了信托裁判官两人，他们专门审理信托案件。由此，信托实现了法制化。

罗马信托的本质是受托人并不取得遗产，只负责移交他人委托的遗产给受益人，这样的一无所得的安排影响了受托人接受信托的积极性，75年颁布的《贝加苏斯元老院决议》允许受托人留置1/4的遗产，[3] 这样，受托人变成了一身二任：一方面，他是货真价实的

---

[1] ［古罗马］西塞罗：《论至善和至恶》，石敏敏译，中国社会科学出版社2005年版，第65页；参见［法］孟德斯鸠：《论法的精神》，下册，张雁深译，商务印书馆1963年版，第207页。

[2] ［古罗马］西塞罗：《论至善和至恶》，石敏敏译，中国社会科学出版社2005年版，第64页；参见［法］孟德斯鸠：《论法的精神》，下册，张雁深译，商务印书馆1963年版，第207页。

[3] 徐国栋：《优士丁尼〈法学阶梯〉评注》，北京大学出版社2011年版，第338页。

继承人；另一方面，他是遗嘱人与遗产受益人之间的二传手。同时，《贝加苏斯元老院决议》还排除独身者和婚而不育者为遗产信托受益人。阿德里亚努斯皇帝还禁止外国人作为遗产信托的受益人。违反这些禁令实施遗产信托的，信托财产将被没收，为国库所得。[1] 这样，等于要求遗产信托的受益人具有完备的消极遗嘱能力，遗产信托制度规避遗产的实际取得人无消极遗嘱能力的目的受挫。该制度基本变得无用。

（二）家人遗产信托的起源和发展

但遗产信托制度的精神被转置到了家人遗产信托（Fideicommissum familiae）制度中。从 2 世纪开始，罗马发展起这一制度。家父在订立遗嘱时，禁止继承其遗产的诸子转让此等遗产，要求把此等遗产永久保留在家族中。由此，有关的遗产成了准不流通物（Quasi extra comercium）。[2] 这样，遗嘱人同时为信托人，继承人同时为受托人，后者可以在一定的期间内享用得到的遗产，然后把它们返还给其他家族成员。在这样的架构中，受托人不再是单纯的“二传手”或“白手套”，可以取得遗产的实益。所以，他们同时也是信托受益人。一旦他们享有遗产的期限（通常以他们的生存时间为期限）届满，他们有义务把遗产转给其他家族成员。这时，“其他家族成员”是信托的受益人。

家人信托的效力可以及于第二代甚至更多代的继承人，换言之，“遗嘱人的家人”在其死时也负有把受领的遗产移转给第一遗嘱人的家人的义务，以此类推。被跨代移转的遗产主要是土地，无疑，这

---

[1] ［古罗马］盖尤斯：《法学阶梯》（第二版），黄风译，中国政法大学出版社 1996 年版，第 186 页。

[2] Véase Pedro Ignacio Botello Hermosa, Origen Histórico de una de las Figurasmás Importantes del Derecho Sucesori oEspañolen la Actualida, EnRevistaBrasileira de Direito Civil – RBDCivil | Belo Horizonte, v. 24, p. 151 –179, abr. /jun. 2020, p. 162s.

是农业经济时代的最重要财产。[1] 在这一框架下，继承人取得的所有权中的处分功能不完整。信托人在遗嘱人死后很久还可以控制其遗产的流转。连续信托制度表达了遗嘱人把自己的意志尽可能长地定位于遗产上的愿望，对受益人的自由限制过大，所以，优士丁尼以第159号新律规定家人遗产信托的受托人不得超过四代。[2]

（三）信托替补的起源和发展

信托替补是替补继承人制度和家人遗产信托制度的二合一。在遗嘱继承中，遗嘱人指定甲为其继承人，同时又规定，如果甲不能成为自己的继承人，例如死在自己之前的情形，乙为甲的继承人。此时，乙为甲的替补继承人。这样的替补继承制度加上家人遗产信托制度的精神，在家人遗产信托制度产生以后的时期组合成信托替补制度。[3] 信托替补与替补继承不同，后者在无前位继承人的情况下后位继承人才有继承机会。而在信托替补继承中，有前顺位的继承人，遗嘱人允许他终身享有遗产，但在他死后要把遗产移转给另一个人，以此类推，如此达到限制遗产转让的目的。这样的替补继承的适用条件是继承人是家外人。[4] 对于家内人或处在家父权下的人，家父可为他们指定普通的替补继承人。这样，信托替补制度与家人遗产信托制度形成互补，一者适用于家人，一者适用于家外人，两者的共同目的是限制遗产的流动性。而且，信托替补比家人遗产信托更自由，因为后者有代数限制，前者没有。

---

[1] Cfr. Ulrike Babusiaux, Il valoredella terra e il fideicommissumfamiliaerelictum: ragionieconomiche di una costruzionegiuridica?, InFrontieredellaromanitànel mondo tardo antico, II, Questionidella terra (societàeconomianormazioniprassi), XXII ConvegnoInternazionale, Spello, 25 - 27 giugno 2015, p. 4.

[2] ［英］大卫·约翰斯顿：《罗马法中的信托法》，张淞纶译，法律出版社2017年版，第121页。

[3] Cfr. FedericaBeltoldi, L' 'heresfiduciarius' in una prospettivastorico - comparatistica, In StudiUrbinati, 83 (2015), p. 175.

[4] ［古罗马］优士丁尼：《法学阶梯》（第二版），徐国栋译，中国政法大学出版社2005年版，第211页。

至此，罗马的遗产信托制度完成了其进化。从受托人的地位来看，他们从二传手演变为遗产的实际享有者。从制度目的来看，完成了从规避法律到保障家族利益、限制遗产流动的转变。这样的遗产信托制度在优士丁尼罗马法中占据重要地位。例如，《学说汇纂》凡 50 卷，其中遗产信托制度占据 2 卷的篇幅，达 1/25 之多。

（四）遗产信托在近代欧洲大陆复活和发展

罗马遗产信托制度随蛮族的入侵而消失。[1] 在日耳曼人建立的西哥特王国等法域，只许遗嘱人在诸子中平均分配遗产。[2] 但罗马法的复兴让遗产信托制度在欧洲从学术上光复。注释法学家发展了罗马人创立的遗产信托制度。巴托鲁斯（Bartolus de Saxoferrato，1314—1357）把遗产信托看作一种委任合同，受益人可以起诉要求履行此等合同。[3] 巴尔杜斯（Baldus de Ubaldis，1327—1400）认为遗产信托中的受托人不应获得任何利益，所有的利益都应归信托受益人。此等受益人可利用扩用诉权实现其应得利益。Castro 的保罗（Paulus Castrensis，？—1441）则认为，受托人享有无因管理之诉和委任之诉。[4] 阿库修斯（Acursius，约 1182—1260）则区分了信托继承人和遗嘱执行人。[5] 确实，如果受托人对遗产一无所得，他的角色就是遗嘱执行人了。

学术上的复活催生了制度的复活。1492 年，卡斯提利亚的伊莎贝尔（Isabel）一世女王（1451—1504）与阿拉贡的费迪南二世

---

[1] Cfr. FiorenzaManzalini, Ilcontributodell'illuminismoeconomico e giuridicoallamodernità, Tesi di Dottorato di ricercadell'UniversitàdegliStudi di Parma, 2013 – 2014, p. 235. note 1084.

[2] 李秀清:《日耳曼法研究》，商务印书馆 2005 年版，第 307 页及以后。

[3] Cfr. Ferdinando Treggiari, L'oro e la coscienza. La fiducia testamentarianell'etàdeicodici, In Historia et ius, Vol. 16, 2019, p. 6.

[4] Cfr. Ferdinando Treggiari, L'oro e la coscienza. La fiducia testamentarianell'etàdeicodici, In Historia et ius, Vol. 16, 2019, pp. 6 – 7.

[5] Cfr. FedericaBeltoldi, L' ' heresfiduciarius ' in una prospettivastorico – comparatistica, In StudiUrbinati, 83 (2015), p. 199.

（1479—1516）结婚，两人的王国联合为西班牙，西班牙完成统一。为了完成两个部分的继承法的统一并消除因理解《王家法典》（Fuero Real）、《七章律》（Siete Partidas）和其他法律时出现的疑问和分歧，在天主教君主费迪南和伊莎贝尔的召集下，在托罗（Toro）城召开了西班牙议会会议，颁布了凡83条的《托罗法》，该法通常优先采用罗马法或教会法的解决办法，但有时也采取西班牙本土的措施，不时也走一些折中妥协的道路。其第27条和第40～46条规定了长子继承制。第27条辞曰：如果父亲或母亲，在其遗嘱或其他任何最后的意思表示中，或相反，在生因行为中，以其三分之一的遗产来优待其婚生儿子或其他卑亲属，他们可如他们所希望的，课加作为信托返还的负担，让上述三分之一的遗产承受他们所希望的二次信托或替补，但须在他们的婚生卑亲属间进行。若无这样的婚生卑亲属，则在对他们享有继承权的非婚生卑亲属间进行。若无这样的非婚生卑亲属，则在他们的亲属间进行。若无这样的亲属，则在家外人中进行。在这个三分之一的遗产上，不能有任何负担或附任何条件。上面讲到的针对三分之一的优待份的约束、二次信托，现在改为针对五分之一的遗产。我们命令，此等约束永远有效，或在遗嘱人宣告的时间内有效，不受第四代或第五代的限制。[1]

《托罗法》第27条是对罗马人创立的家人遗产信托（Fideicommissum familiae）制度的修正。从2世纪开始，罗马发展起这一制度。家父在订立遗嘱时，禁止继承其遗产的诸子转让此等遗产，要求把此等遗产永久保留在家族中。由此，有关的遗产成了准不流通物（Quasi extra comercium）。[2] 这样，遗嘱人同时为信托人，继承人同时为受托人，后者可以在一定的期间内享用得到的遗产，然后把

---

[1] Véase José Gonzalez y Serrano, ComentarioHistórico, Crítico y Jurídico a aasLeyes de Toro, TomoII, Madrid, 1876, p. 47.

[2] Véase Pedro Ignacio Botello Hermosa, Origen Histórico de una de las FigurasmásImportantes del Derecho SucesorioEspañolen la Actualida, EnRevistaBrasileira de Direito Civil – RBDCivil | Belo Horizonte, v. 24, p. 151 – 179, abr. /jun. 2020, p. 162s.

它们返还给其他家族成员。在这样的架构中，受托人可以取得遗产的实益。所以，他们同时也是信托受益人。一旦他们享有遗产的期限（通常以他们的生存时间为期限）届满，他们有义务把遗产转给其他家族成员。这时，“其他家族成员”是信托的受益人。

家人信托的效力可以及于第二代甚至更多代的继承人，换言之，“遗嘱人的家人”在其死时也负有把受领的遗产移转给第一遗嘱人的家人的义务，以此类推。被跨代移转的遗产主要是土地，这是农业经济时代的最重要财产。[1] 在这一框架下，继承人取得的所有权中的处分功能不完整。信托人在死后很久还可以控制其遗产的流转。连续信托制度表达了遗嘱人把自己的意志尽可能长地定于遗产上的愿望，对受益人的自由限制过大，所以，优士丁尼以第 159 号新律规定家人遗产信托的受托人不得超过四代。[2]

《托罗法》第 27 条对罗马法蓝本的修正有二。其一，允许此等信托以生因行为设立；其二，取消了连续信托的代数限制。由于“其一”，再把这样的家族财产安排称为遗产信托就不合适了。

另外，《托罗法》第 40 条规定：如果长子身份的占有者的长子死后留下儿子或孙子或其他婚生卑亲属，此等儿子、孙子或卑亲属优先于长子身份的占有者的次子，此等规则不仅适用于直系亲属间的继承，而且适用于旁系亲属间的继承。[3] 第 41 条规定证明财产属于长子继承的方式；第 42 条规定设立长子继承须事前获得王室的批准；第 43 条规定设立长子继承制的许可不因发放此等许可的国王的

[1] Cfr. Ulrike Babusiaux, Il valoredella terra e il fideicommissumfamiliaerelictum: ragionieconomiche di una costruzionegiuridica?, InFrontieredellaromanitànel mondo tardo antico, II, Questionidella terra (societàeconomianormazioniprassi), XXII ConvegnoInternazionale, Spello, 25 – 27 giugno 2015, p. 4.

[2] ［英］大卫·约翰斯顿：《罗马法中的信托法》，张淞纶译，法律出版社 2017 年版，第 121 页。

[3] Véase Sancho Llamas y Molina, Comentariocrítico, jurídico, literal, a las ochenta y tresLeyes de Toro, Tomo II, Imprenta y Librería de Gaspar y Roig, editores, calle del Príncipe, n. 4, 1853, p. 23.

死亡而失效；第44条规定可以或不可以撤销长子继承制的情形以及撤销的方式；第45条规定以民事或自然方式进行的长子继承制财产占有因为持有人的死亡发生的依据应有的顺位的移转；第46条规定长子继承制财产的继承人无义务就前手对此等财产进行的改良为偿付。

按照学界的认定，《托罗法》的前引第27条和第40条确立了西班牙的长子继承制。那么，什么是长子继承制？维基百科的长子继承制词条中讲到欧洲的部分这样写道："中世纪伊比利亚半岛上的王国的社会结构类似财团。世家门阀中施行长子继承制（Majorat），家庭中的长子可以继承家产，次子则可能剃发修道，成为修士，或在与摩尔人的战斗中碰运气，用努力来赢取荣耀和土地。"[1] 按照这一解释，长子继承制就是把所有的家产都交给长子继承，次子们一无所得，只能出家或从军。显然，这样的长子继承制与《托罗法》关于长子继承制的规定不符。该法不是把全部的家产都交给长子继承，而是给他一个优待份，这个优待份，按照旧法是三分之一，按照新法是五分之一，新法相较于旧法，减少了优待份取得者获得利益，更多地考虑到了诸子平等问题（次子们还是可以获得扣除了优待份、死者灵魂份、税费份后的遗产的）。所以，《托罗法》确立的长子继承制相较于下文要谈到的莎士比亚的喜剧《皆大欢喜》里反映的英国的长子继承制，较少不公平。而且，长子继承制的适用要受到王室批准的限制。

《托罗法》规定的长子继承制从信托法的角度看，是一个多级替补遗产信托（Fideicommisgraduelsuccessis）。如果受托人只有一个顺位，谓之简单遗产信托。如果有多个顺位，谓之多级信托。[2] 换言之，"长子"死后，原则上由"长子"的长子继承其财产，以此类

[1] 维基百科词条：长子继承制，On https：//zh. wikipedia. org/wiki/% E9% 95% B7% E5% AD% 90% E7% B9% BC% E6% 89% BF% E5% 88% B6，2021年5月5日访问。

[2] Voir Philippe Antoine Merlin，Répertoireuniversel et raisonné de jurisprudence，Vol. 31，Tarlier，1828，p. 188.

推，代数不受限制，是永久性的。

长子继承制在西班牙确立后，流传到西班牙霸权的涵盖区，例如意大利的那不勒斯王国、教皇国、托斯卡纳。❶ 富有的市民和农民精英喜欢此制，❷ 市民阶级把它当作维持家族财产（尤其是土地）在家族内部流动的法律工具，以此维持家族的光荣、经济力量不被分散。

遗产信托阻碍了财富的自由流通和财富的商业化，给农业和公共财富造成损害，❸ 其适用效果可见于以下案例：一个奥斯纳布吕克附近居住的家族经营的农场600年所有人不变。法国摩利尔附近库第地方的一个家族自8世纪以来一直住在同一块土地上。750个家族继续耕种同一块土地至少满300年。❹ 所以，有些启蒙思想家批判长子继承制。切萨雷·贝卡利亚（Cesare Beccaria，1738—1794）认为，遗产信托造就了财富的不平等。一个家庭吸收了20个家庭的收入，并且对土地课加了过多的约束，成就了一个姓氏的人的奢侈，牺牲了其他人的希望。后者太穷不能结婚，导致人口减少。❺ 确实，由于没有财产，在16世纪，威尼斯终身不娶的男子占比18%。在18世纪，占比64%。❻ 波尔（Reginald Pole，1500—1558）还认为："让长子继承一切而完全排斥余子不仅会恶化家长与子女之关系，增

❶ ［法］安德烈·比尔基埃等主编：《家庭史》2，袁树仁等译，生活·读书·新知三联书店1998年版，第93页。

❷ See T. Mikes and T. de Montagut, "The Catalan Sagrada Família: Law and Family in Medieval and Modern Catalonia", In Maria Gigliola di Renzo Villata (Editor), Family Law and Society in Europe from the Middle Ages to the Contemporary Era, Springer, 2016, p. 35.

❸ Cfr. Mario Caravale, Fedecommesso (dir. interm.), In Enciclopedia del Diritto, Milano, Giuffrè, Vol. XVII, Milano, 1968, p. 113.

❹ ［美］汤普逊：《中世纪经济社会史》（下册），耿淡如译，商务印书馆1961年版，第362页。

❺ Cfr. Cesare Beccaria, Elementi di economiapubblica, Torino, 1852, p. 37s.

❻ ［法］安德烈·比尔基埃等主编：《家庭史》2，袁树仁等译，生活·读书·新知三联书店1998年版，第97页。

加兄弟间的仇恨，还是社会混乱之根源。”[1] 莎士比亚的喜剧《皆大欢喜》为此论提供了例证。罗兰爵士有三个儿子：长子奥利弗、次子杰奎斯、三子奥兰多。罗兰爵士死后，全部财产由奥利弗继承。奥利弗资助二弟外出求学。奥兰多只得到1000金币。奥兰多被奥利弗扔在家里，只养不教，长子与幼子遂发生矛盾。[2] 尽管也有一些作者认为长子继承制有精英制的好处，但反对意见占了上风。所以，哈布斯堡王朝的统治者玛利亚·特蕾莎（MariaTheresa，1717—1780）颁布法律规定，伦巴底不得再设立信托，既有的信托的效力维持时间不得超过两个世纪。在皮埃蒙特，撒丁王国的统治者卡尔罗·埃曼努埃勒（Carlo Emanuele）四世（1751—1819）解除了所有信托的效力，把它们涉及的财产资本化，使之流入银行。[3] 1804年的《法国民法典》第896条则规定：（1）赠与或遗赠附有受赠人或受遗赠人死亡后，赠与物或遗赠物应归特定第三人承受的条款者，禁止之。（2）一切约定由受赠人、指定继承人、受遗赠人负责保全其受赠财物并于其死后转归特定第三人承受的条款无效，即对于受赠人、指定继承人、受遗赠人而言亦同。[4] 此条概括废除了遗产信托，理由是继承法国大革命时有关立法的精神，禁绝长子继承制。[5] 《德国民法典》容忍的长子继承制被《魏玛宪法》第155条废除。该条辞曰：家人遗产信托应废止之（Die Fideikommissesindaufzulösen）。[6] 《奥地利普通民法典》的上述规定于1939年被废除。总之，欧洲各国次第废除了与长子继承制相结合的遗产信托。

---

[1] 陈志坚：《近代早期英国关于财产继承模式的争论及影响》，载《史学理论研究》2015年第1期，第116页。

[2] 郭建：《皆大欢喜——长子继承权》，载《法律与生活》2008年第23期。

[3] Cfr. Mario Caravale, Fedecommesso (dir. interm.), In Enciclopedia del Diritto, Milano, Giuffrè, Vol. XVII, Milano, 1968, p. 114.

[4] 李浩培等译：《拿破仑法典》，商务印书馆1979年版，第119页。

[5] Véase Georges Ripert, Jean Boulanger, Tratado de derecho civil: segun el tratado de Planiol, XI, Liberalidades, Buenos Aires: La Ley, 1963 - 1965, p. 341s.

[6] 姜士林、陈玮主编：《世界宪法大全》（上卷），中国广播电视出版社1989年版，第735页。译文有改动。

（五）遗产信托英国法中的发展

罗马从43年在不列颠设立总督，此后开始了长达近400年的统治，直到410年结束。其间，不列颠适用包括遗产信托制度的罗马法。《学说汇纂》中的两个法言提供了这方面的直接证据。其一是D. 28，6，24（乌尔比安：《萨宾评注》第6卷），它介绍为未适婚的儿子指定替补继承人的格式，其中提到："'我们的皇帝'在给不列颠总督威流斯·卢普斯（Virius Lupus）的敕答中赞成先指定继承人，后指定替补继承人的观点。"❶ 这一法言证明，乌尔比安时代的不列颠适用罗马继承法，总督威流斯·卢普斯在这方面的司法中遇到疑难，向作为最高法院院长的皇帝寻求解答，得到了解决问题的司法解释。其二是D. 36，1，48（雅沃伦：《书信集》第11卷），关乎一个发生在不列颠的信托案例，案情如下：不列颠舰队司令塞尤斯·萨杜尔尼努斯（Seius Saturninus）指定三层桨战舰舰长瓦勒流斯·马克西姆斯（Valerius Maximus）为自己的信托继承人，委托他在其儿子塞尤斯·奥切阿努斯（Seius Oceanus）满16岁时对之转交遗产，但塞尤斯·奥切阿努斯在满16岁前死亡，于是，其叔叔马勒乌斯·塞纳卡（Malleus Senaca）出来主张遗产，而瓦勒流斯·马克西姆斯也主张此等遗产属于自己，因为他受命移交遗产的人已死。于是，法学家雅沃伦被问，遗产到底归于谁？他的解答是应归有权得到奥切阿努斯的其他财产的人，换言之，其继承人。❷ 这个法言更透露出不列颠曾适用罗马信托法的情况。根据波兰学者Łukasz Jan Korporowicz的研究，罗马皇帝为不列颠行省任命法律副官（legatiiuridici），有名可查的此类副官有5名。其中不乏著名法学家（例如雅沃伦）。他们帮助总督履行司法职责，但直接听命于皇帝。

---

❶ ［意］桑德罗·斯奇巴尼编：《婚姻·家庭和遗产继承》，费安玲译，中国政法大学出版社2001年版，第323页。

❷ The Digest of Justinian，Vol. 3，edited by Mommsen and Alan Watson，University of Pennsylvania Press，Philadelphia，1985，p. 244.

并非所有的行省都安排这样的法律副官。❶ 由此可见罗马对于在不列颠推广罗马法的重视，并可见雅沃伦讲述的上述涉不列颠信托案例的来由。

说到这里，信托制度到底是起源于英国法还是罗马法的问题，似乎就问不下去了。对于这个问题，还有超越性的起源于古埃及说，因为在公元前2548年，那里就出现了遗嘱信托的实践。❷ 无论如何，英国曾长期受罗马统治，所以，很难说英国的信托制度没有受罗马的影响。❸ 所以，现在少有人争论信托产生罗马或英国的问题。美国人大卫·约翰斯顿写《罗马法中的信托法》一书，全然把信托的起源地归之于罗马。❹

尽管如此，英国式的信托还是有自己的特点。此等特点形成于其独特的发生史。中世纪的英国法严格实行嫡长子继承制，其他晚辈血亲不得继承，配偶也不得继承。而且严格禁止遗嘱继承。对于想把遗产留给其他晚辈血亲和配偶的人，只得设法规避这样的法律。他们想到的办法是把土地的用益权转让给受托人，此等受托人可以像所有人一样对此等土地进行经营管理，但负有把由此取得的收益交给信托人指定的受益人的义务。❺ 这样，其他晚辈血亲和配偶之类的人，尽管无继承人的名义，也可取得遗产的实益。但这样的脱法行为的落实完全靠受托人的良心，一些良心不好的受托人造就了一些背信弃义的案例。最终，衡平法院赋予受益人衡平法上的所有权以为救济。❻ 像罗马法的信托起于诈欺法律一样，英国法中的信托亦

---

❶ Łukasz Jan Korporowicz, The activity of legatiiuridici in Roman Britain, Studia Prawno - Ekonomiczne, t. LXXXII, 2010, p. 80.

❷ ［日］川崎诚一：《信托》，刘丽京、许泽友译，中国金融出版社1989年版，第4-5页。

❸ 周小明：《信托制度比较法研究》，法律出版社1996年版，第76页。

❹ ［英］大卫·约翰斯顿：《罗马法中的信托法》，张凇纶译，法律出版社2017年版，第1页。

❺ 马新彦、黄海洲：《英美法遗产信托制度研究——兼论我国遗产继承制度的完善》，载《求是学刊》2014年第1期，第77页。

❻ 马新彦、黄海洲：《英美法遗产信托制度研究——兼论我国遗产继承制度的完善》，载《求是学刊》2014年第1期，第78页。

如此。但后者无意让受益人取得财产所有权，只让他取得收益权，完成了制度创新。

二、遗产信托制度的比较法状况

至此可知，自遗产信托在奥古斯都时期诞生到形成英国式的信托，有四种类型。其一，二传手型；其二，财产家庭内部流动型；其三，信托替补型；其四，双重所有权型。其中，“其一”和“其三”的界限在于：如果得到遗产马上或不久转交他人，且受托人得不到任何遗产利益，为“其一”，相反的情况属于“其二”。现代民法对于遗产信托态度的基本情况是：自始或嗣后禁止“其二”，但允许“其一”和“其三”。“其四”通常在晚近的民法典法中得到承认。以下介绍大陆法系主要国家的这方面情况。

（一）法国和意大利

1804年的《法国民法典》第896条规定：（1）赠与或遗赠附有受赠人或受遗赠人死亡后，赠与物或遗赠物应归特定第三人承受的条款者，禁止之。（2）一切约定由受赠人、指定继承人、受遗赠人负责保全其受赠财物并于其死后转归特定第三人承受的条款无效，即对于受赠人、指定继承人、受遗赠人而言亦同。❶ 此条概括废除了遗产信托，理由是继承法国大革命时有关立法的精神，禁绝长子继承制。❷ 此制按照前引贝卡利亚的说法，已危害国家的人口安全，所以，在学者对第896条的评注中，将其意旨提炼为公共秩序。❸ 但此等废除有一个体现在其第1048条的例外。该条规定：父或母得以生

❶ 李浩培等译：《拿破仑法典》，商务印书馆1979年版，第119页。

❷ Véase Georges Ripert, Jean Boulanger, Tratado de derecho civil: segun el tratado de Planiol, XI, Liberalidades, Buenos Aires: La Ley, 1963—1965, p. 341s.

❸ Véase Georges Ripert, Jean Boulanger, Tratado de derecho civil: segun el tratado de Planiol, XI, Liberalidades, Buenos Aires: La Ley, 1963 - 1965, p. 352s.

前赠与或遗赠，将其有权处分的财产之全部或一部赠与其子女中的一人或数人，并由这些受赠人负担义务将此财产转移给他们自己的已经出生或将来出生的子女，但仅以向受赠人的第一亲属等转移为限。[1] 此条承认信托替补的法律效力。之所以例外承认，是考虑到父母欲留给其遗产的子女无能力保有遗产而不挥霍之，所以先把遗产给有能力保有遗产的子女，待前种子女取得保有遗产的能力后，由后一种子女转交遗产。在完成转交前，有关遗产处在不得转让的地位。[2] 第1049条还允许遗嘱人以自己的兄弟姐妹为受托人转交遗产给自己已出生或未出生的子女。[3] 由此可见，认为《法国民法典》承认家人遗产信托，说《法国民法典》在近年纳入信托，应该理解为纳入Fiducia式的信托。[4]

1942年《意大利民法典》第692条（信托替补）把《法国民法典》第1048条不明确表达的照顾无能力保有遗产者的目的明确化。其规定：（1）禁治产人的父亲或者母亲、其他直系尊亲属或者配偶都可以指定在监护人的监督下照料禁治产人的个人或者团体为其子女、卑亲属或者配偶的信托替补人，并且由上述个人或团体承担保管并且在他们死亡或解散时返还包括特留遗产份额在内的遗产的义务。（2）前款的规定准用于在本法第416条规定的期限内将对其进行禁治产宣告的患有精神病的未成年人。（3）在有数人或者数个团体先后照料过禁治产人的情况下，遗产根据他们各自照料禁治产人的时间，按比例进行分配。（4）在宣告禁治产的申请被驳回的情况下，或者在患有精神病的未成年人达到成年年龄之后2年以内仍未进行预定的禁治产宣告的情况下，继承替补丧失效力。同样，在禁

[1] 罗结珍译：《法国民法典》，上册，法律出版社2005年版，第763页。

[2] Véase Georges Ripert, Jean Boulanger, Tratado de derecho civil: segun el tratado de Planiol, XI, Liberalidades, Buenos Aires: La Ley, 1963－1965, p. 362.

[3] 李浩培等译：《拿破仑法典》，商务印书馆1979年版，第140页。

[4] 李世刚：《论〈法国民法典〉对罗马法信托概念的引入》，载《中国社会科学》2009年第4期。

治产宣告被撤销或者在负责照料禁治产人的个人或者团体违反遗嘱规定的协助义务的情况下，继承替补丧失效力。(5) 除本条规定的情况以外，任何其他情况下的信托替补无效。[1] 说此条承认信托替补“有限”，乃因为它只承认为了禁止产人利益的信托替补。

另外《意大利民法典》第627条（信托处分）规定：(1) 在被遗嘱指定之人只是表面受益人而实际上是为另一人的利益订立遗嘱的情况下，即使在遗嘱中指出该遗嘱是信托处分或者从遗嘱的表述中可以推断出是信托处分，也仍旧不得对该遗嘱提起撤销之诉。(2) 然而，如果表面受益人自愿执行信托处分，则在将遗产移交给遗嘱人实际希望受益之人后，不得提起返还之诉，表面受益人为无行为能力人的情况除外。(3) 本条的规定不适用于对无行为能力人接受继承或者遗赠而指定的中介人提起诉讼的情况。[2] 该条涉及的信托行为实际上是假装的法律行为，即以一个虚假的行为掩盖一个真实的行为，法律本可断其为无效，但该条禁止对之提起撤销之诉。自愿履行了信托行为的，发生所有权转移，利害关系人不得请求返还。这样的安排，颇有奥古斯都承认作为脱法行为的遗产信托的效力之风。

（二）德国、奥地利、瑞士

《德国民法典》制定之初并不禁止家人遗产信托。在那时的德国，这种信托颇为流行，信托的客体大多为农地和林地，也包括营利性地产。此等财产不得被转让，且其继承只能发生在父系家庭成员间。设立的目的，是为了担保家庭在经营上的独立性，以及家庭成员一定的生活水平，并使其成员免负公共差役。[3] 所以，《德国民法典施行法》第59条规定：各州关于家人遗产信托和领地的法律，

---

[1] 费安玲等译：《意大利民法典》，中国政法大学出版社2004年版，第173页。

[2] 费安玲等译：《意大利民法典》，中国政法大学出版社2004年版，第160页。

[3] ［德］鲍尔、施蒂尔纳：《德国物权法》（上册），张双根译，法律出版社2006年版，第595页。

包括完全保有所有权的领地的规定以及关于诸继承人旨在分配遗产的协议的规定，维持不变。[1] 但家人遗产信托制度随君主制的废除而废除。《魏玛宪法》第155条规定：家人遗产信托应废止之（Die Fideikommissesindaufzulösen）。[2]

但《德国民法典》承认后位继承（Nacherbe）制度，其第2100条规定：被继承人可以在另一人先成为继承人之后才成为继承人的方式，指定继承人（后位继承人）。[3] 第2100条解释了何谓后位继承人：被继承人指定的在另一人先成为继承人后才成为继承人的人。[4] 第2102条第2款规定：对于某人究竟被指定为替补继承人（Ersatzerbe）还是被指定为后位继承人有疑问的，视为其系替补继承人。[5] 第2096条解释了何谓替补继承人：被继承人指定的替补在继承开始前或开始后出缺的继承人的人。[6] 替补继承人的前位继承人不曾取得遗产，后位继承人的前位继承人的情况相反。设立后位继承制度的目的，是为了保持家族财产的完整性，并避免特留份请求权损害家庭财产。[7] 这样的目的与家人遗产信托制度的目的相合。可以说，德国禁止了叫作Fideikommisse的家人遗产信托，但保留了叫作Nacherbe的家人遗产信托。尽管有人说德国法上的后位继承与罗马法上的家人遗产信托两回事，[8] 但两者的机理确实一致。

1811年的《奥地利普通民法典》，第618—645条详细地规定了

---

[1] See German "Civil Code", Translated into English by Chung Hui Wang, Steven and Sons Limited, London, 1907, p. 551.

[2] 姜士林、陈玮主编：《世界宪法大全》（上卷），中国广播电视出版社1989年版，第735页。译文有改动。

[3] 陈卫佐译注：《德国民法典》（第4版），法律出版社2015年版，第602页。

[4] 陈卫佐译注：《德国民法典》（第4版），法律出版社2015年版，第602页。

[5] 陈卫佐译注：《德国民法典》（第4版），法律出版社2015年版，第602页。

[6] 陈卫佐译注：《德国民法典》（第4版），法律出版社2015年版，第601页。

[7] ［德］雷纳·弗兰克、托比亚斯·海尔姆斯：《德国继承法》（第六版），王葆时、林佳业译，中国政法大学出版社2015年版，第83页。

[8] ［德］马克斯·卡泽尔、罗尔夫·克努特尔：《罗马私法》，田士永译，法律出版社2018年版，第771页。

家人遗产信托制度，1938 年废除之。❶ 这样的处置与前引《魏玛宪法》第 155 条的处置同。但《奥地利普通民法典》第 608 条又规定，遗嘱人可以课予继承人义务，即在继承人死亡后或在其他特定情形下，其应将已继承的遗产留给另一个被指定的后位继承人。这一遗嘱称为用益取代，用益取代也默示地包含了普通取代。❷ 第 608 条相当于《德国民法典》关于后位继承的规定，所以，奥地利也保留了这种形式的遗产信托。

1907 年的《瑞士民法典》第 335 条第 2 款明文禁止家人遗产信托。❸ 但该民法典第 488 条承认后位继承制度。其规定：（1）被继承人在其处分中，可使指定继承人承担将继承遗产移交给后位继承人的义务。（2）不得使后位继承人负担上述义务。（3）遗赠亦适用上述规定。❹ 此条承认信托替补的法律效力，但只允许替补一次。所以，《瑞士民法典》也只禁止封建性的家人遗产信托，但并不排斥一切遗产信托。

（三）西班牙、葡萄牙和菲律宾

《西班牙民法典》未考虑“其二”，但考虑了“其三”和“其四”。前者体现为第 781 条规定：设立遗产信托人保管和向第三方转交部分或全部遗产的，只要不是超过第二亲等的亲属或为遗嘱人去世时仍活着的人的利益的，信托有效，并产生效力。❺ 后者体现为第 787 条规定：遗嘱人留给某个人全部或部分遗产，而将其收益给另外

---

❶ Parker School of Foreign and Comparative Law, The General “Civil Code” of Austria, Revised and Annotated by Paul, L. Baeck, Oceana Publications, Inc., New York, 1972, p. 118.

❷ 周友军、杨垠红译：《奥地利普通民法典》，清华大学出版社 2013 年版，第 100 页。

❸ 中译本采用“世袭家产”的用语翻译“家人遗产信托”的原文。殷生根、王燕译：《瑞士民法典》，中国政法大学出版社 1999 年版，第 94 页。

❹ 殷生根、王燕译：《瑞士民法典》，中国政法大学出版社 1999 年版，第 134 页。

❺ 潘灯、马琴译：《西班牙民法典》，中国政法大学出版社 2013 年版，第 225 页。

一个人的规定有效……[1]

葡萄牙也有限认可信托替补制度。其民法典第2286条（类似于《澳门民法典》第2115条，条名“信托替换”）规定：遗嘱人透过遗嘱处分而规定被设立之继承人有义务保存遗产，以便待该继承人死亡时转归另一人所有，该处分称为信托替换或信托处分；负有保存遗产义务之继承人称为受托人，信托替换中之受益人称为信托受益人。认可的“有限”体现在第2288条（类似于《澳门民法典》第2117条，条名“对有效性之限制”）：超过一次之信托替换属无效，即使将遗产转归信托受益人所有系取决于一将来及不确定之事件亦然。[2]

基于《西班牙民法典》制定的《菲律宾民法典》第863条规定：遗产信托替补是受托人或被指定的第一继承人被委托履行保存全部或部分遗产并将之移转给第二继承人的义务的替补。如果遗产信托替补不超过自原先指定的继承人起算的一亲等（一次移转），并且遗产信托的受托人或第一继承人以及第二继承人在遗嘱人死亡时活着，它就应有效且应生效。[3]

（四）埃塞俄比亚

《埃塞俄比亚民法典》把信托规定在主体法部分，作为财团的一种。此等财团可通过生前赠与或遗赠设立（第517条）。以遗赠设立的信托就在本文的主题范围内了。在这方面，《埃塞俄比亚民法典》采用了英国式的信托模式，因为其第527条规定受托人对于信托财产享有所有人的权利，第539条赋予受益人采取终止时效的保存所有权的行为。[1] 双重所有权结构的信托终于出现于大陆法系的一部民法典中。

---

[1] 潘灯、马琴译：《西班牙民法典》，中国政法大学出版社2013年版，第226页。

[2] Ver Pires de Lima e Antunes Varela, Codigo Civil Anotado, Volume VI, Coimbra Editora, 1998, p. 450s.

[3] 蒋军洲译：《菲律宾民法典》，厦门大学出版社2011年版，第120—121页。

[1] 薛军译：《埃塞俄比亚民法典》，厦门大学出版社2013年版，第76—77页。

（五）小结

通过考察上引九部民法典，我们可以得出罗马法衍生到英国法的四种遗产信托都有其现代采用者的结论。

首先，《意大利民法典》第627条承认了二传手型信托。其次，德国、奥地利、瑞士三国的民法典以后位继承的名义承认了家人遗产信托，但对遗产转手的次数进行了限制。第三，西班牙、葡萄牙和菲律宾三国的民法典承认了信托替补。第四，《埃塞俄比亚民法典》承认了英国式信托，其涉及的遗产不发生移转给受益人问题。

三、遗产信托制度的我国适用

（一）《民法典》规定的是遗产信托还是遗嘱信托

首先要研究的是，《民法典》第1133条第4款规定的是遗产信托还是遗嘱信托？在我国《民法典》起草的学者建议稿阶段，王利明团队的民法典草案第620条规定：遗嘱人可以在遗嘱中指定接受遗产的继承人完成某种事务。[1] 其理由书中根据史尚宽的《继承法论》把“某种事务”解释为：指定或让人指定遗嘱执行人；指定或让人指定遗产分割的方法；指示继承人不得分割遗产，但此等限制的期限不得超过20年；指示遗产债务的清偿方法或遗产管理方法；遗嘱信托。[2] 该草案主要把遗嘱信托的客体理解为遗嘱执行人的工作，由于《民法典》已单独建立遗嘱执行人制度，导致遗嘱信托的表述不确切，宜把第1133条第4款中的遗嘱信托解释为遗产信托。

---

[1] 王利明主编：《中国民法典草案建议稿及说明》，中国法制出版社2004年版，第89页。

[2] 王利明主编：《中国民法典学者建议稿及立法理由》（人格权编、婚姻家庭编、继承编），法律出版社2005年版，第574页。

（二）《民法典》第1133条第4款的适用方向

那么，《民法典》第1133条第4款规定的遗产信托应如何适用？回答这一问题取决于对遗产信托制度的理解。我国大陆地区最早研究遗嘱信托的江平教授认为：遗嘱信托，实际就是以信托方式进行的遗赠，例如死者将财产交给受托人，由受托人定期交给受益人（受遗赠人年金）或为其他给付。[1] 可以说，这是按照英国的路径解释遗嘱信托，受托人取得对信托财产的法定所有权，受益人取得对同一财产的衡平法所有权，后者据此取得信托利益。据我国《信托法》起草的重要参与者周小明介绍，该法的起草主要参考了1922年日本制定的《信托法》，而日本采用的是美国信托法的蓝本。[2] 如果按照我国《信托法》中遗嘱信托的含义来适用《民法典》第1133条第4款规定的遗嘱信托，会排斥其余三种在大陆法系国家民法典中存活的遗产信托，造成法律资源的损失，也无视了我国基本上是个大陆法系国家的现实。遗嘱信托的概念搬用于《信托法》，但搬进了《民法典》就具有了独立性，可以赋予它新的含义，甚至反过来以此等新认识更新《信托法》中的老概念。所以，我主张不宜按《信托法》制定者对遗嘱信托的理解适用《民法典》第1133条第4款规定的遗嘱信托，因为制定《信托法》时，我国学界对于遗产信托的了解很少，现在了解多了，应根据新认识来适用看起来是“老”的制度。

吾道不孤！杨立新和杨震在信托法的语境之外，提出过暗含其他种遗产信托的立法建议。两位杨教授的《〈中华人民共和国继承法〉修正草案建议稿》第39条［后位继承］规定：（1）遗嘱人可以指定后位继承人按照一定的条件或期限取得前位继承人已经继承

---

[1] 江平：《西方国家民商法概要》，法律出版社1984年版，第79页。

[2] 周小明：《江平老师与〈信托法〉的诞生》，载九十华诞祝贺文集编辑委员会编《江平先生法学思想论述：九十华诞祝贺文集》，元照出版公司2020年版，第49页。

的遗产。遗嘱人未规定后位继承人取得遗产条件的，遗产在前位继承人死亡时归属于后位继承人。(2) 后位继承人可以是继承开始时尚未出生的人。(3) 后位继承人只能指定一次。(4) 后位遗赠准用后位继承的规定。❶ 我们已经知道，来自德国法的后位继承概念实际上就是指的家人遗产信托，杨立新和杨震主张的是我国应引进该制度。他们起草的上述第39条具有很大的雄心：不仅将后位继承制度适用于遗嘱继承，而且适用于遗赠。换言之，遗嘱人可要求受遗赠人只在一定的期间内享有遗赠物，期满后要将它们移交给自己的后手。这一建议尽管未被立法机关采纳，但此等建议可以作为解释《民法典》第1133条第4款的依据。

此外，在《民法典》颁布后，针对其关于遗产信托的规定，陈苇等认为，该制度可满足遗嘱人对遗产进行专业管理、保值增值、实现对特定人员的扶养、避免继承人或受遗赠人对遗产的挥霍的功能。❷ 此语表明了他们不愿单纯按照英美法模式解释《民法典》第1133条第4款中的"遗嘱信托"的愿望，其中的"实现对特定人员的扶养"体现了英美信托的特征，但至少其中的"避免继承人或受遗赠人对遗产的挥霍的功能"一语意指《法国民法典》和《意大利民法典》规定的遗产信托。

前文已述，从奥古斯都确认遗产信托制度以来，该制度演化了多种形态，有的遭到严禁，有的允许存在。为了说明《民法典》第1133条第4款规定的遗产信托的适用，应说明该制度不包括哪些类型，从而反推出可包括的其他类型，这样的开放式解释旨在让遗产信托制度成为当事人手中的一种用途广泛的法律工具。

我认为，即使是造成长子继承制的遗产信托，也有保留企业性遗产的生产力的积极意义，我国摆脱独生子女时代后，也不排斥有

❶ 杨立新、杨震等：《〈中华人民共和国继承法〉修正草案建议稿》，载《河南财经政法大学学报》2012年第5期，第19页。

❷ 陈苇、贺海燕：《论民法典继承编的立法理念与制度新规》，载《河北法学》2020年第11期，第41页。

适用的空间，其他遗产信托皆应允许，更不在话下。遗产信托可以是公益性的，例如设立希望小学，也可以是私益性的，例如信托自然人或法人照料信托人的患有自闭症的孩子。信托的标的可以是信托人的全部财产，也可以是其特定的财产组合，例如一个私人博物馆。

（三）动物可否作为遗产信托的受益者

我国《民法典》只字未提动物，构成一个遗憾。[1] 在这方面，《俄罗斯联邦民法典》第1139条第1款第2项规定：立遗嘱人还有权责成一个或几个继承人饲养属于立遗嘱人的家养动物以及对之进行必要的监管和照料。[2] 这就是对于动物（家养动物）可以作为信托受益者的明确规定了。

美国50个州外加哥伦比亚特区都制定有宠物信托法（Pet Trust Law），明尼苏达州2016年制定该法，是最后一个制定这方面的法律的州。[3] 这些州的宠物信托法的内容可从《统一信托法典》第408条关于动物照顾信托的规定窥见。该条规定：（1）可以设立在信托人的生存期间为活着的动物提供照料的信托。该信托在动物死亡时终止，或者如果信托是为在信托人的生存期间一只以上的活动物提供照料设立的，则在最后一只动物死亡时终止。（2）本条授权的信托可以由信托条款任命的人执行，如果信托合同未任命这样的人，则可以由法院任命的人执行。对动物的福利感兴趣的人可以请求法院任命一个人执行信托或褫夺被任命的人。（3）本条授权的信托财产只能用于其预期用途，法院裁定该信托财产的价值超过预期用途所需的数额的除外。除信托条款另有规定外，非预期用途不需要的

---

[1] 徐国栋：《穿过公共卫生紧急事件入典的民法总则》，载《法学评论》2020年第5期。

[2] 黄道秀译：《俄罗斯联邦民法典》，北京大学出版社2007年版，第394页。

[3] See the Entry of Pet Trust，On https：//en. wikipedia. org/wiki/Pet_trust，2021年4月26日访问。

财产必须分配给如果活着的信托人，否则分配给此等信托人的继承人。[1]按照对该条的官方评注，该条确认者为荣誉信托（Honorary trusts），这是一种没有慈善目的，也没有私人受益人强制执行的信托。虽然由于缺乏受益人，这种信托通常是无效的，但许多州允许两种荣誉信托有效。其一，照顾宠物的信托；其二，提供对墓地维护的信托。[2]

该条第 1 款所言“活着的动物”，可以在信托人的生存期间增加，在信托人设立信托时已受孕但未出生的动物亦可包括在内。第 2 款讲宠物信托的执行，不适格的执行人可被褫夺。第 3 款讲超过照料动物所需的信托资金的处理，有时信托人会为动物设立高额信托，但超出需要。本款规定超出部分归信托人本人或其继承人。[3]

上述国家的宠物信托立法经验值得借鉴。就此，也有两篇中文文献。[4] 笔者主编的《绿色民法典草案》未直接规定动物能否作为信托受益人问题，但其第四分编第 164 条第 1 款规定：遗留给动物确定的财产或确定数目的款项的遗嘱处分有效。此款等于承认了可以设立有利于动物的遗产信托，而且其第 3 款为这样的遗产信托提供了可操作性：遗嘱人可为动物指定一名遗嘱执行人。[5]

（四）死者可否作为遗产信托的受益者

前文已述，普通法中得到承认的荣誉信托包括维护墓地的信托，不妨把此等信托的受益人理解为死者。这是英美法国家的情况，在

---

[1] National Conference of Commissioners on Uniform State Laws, Uniform Trust Code, 2010, p. 62.

[2] Henry Campbell Black, Black's Law Dictionary, Fifth Edition, West Publishing Co., 1979, p. 1354.

[3] National Conference of Commissioners on Uniform State Laws, Uniform Trust Code, 2010, p. 63.

[4] 王阳鸽：《论宠物信托》，西南政法大学 2011 年硕士学位论文。邓祎轲、梁分：《宠物信托中的法律问题探析》，载《法制与经济》2018 年第 6 期，第 96 页及以次。

[5] 徐国栋主编：《绿色民法典草案》，社会科学文献出版社 2004 年版，第 246 页。

大陆法系地区，西班牙创立了以遗嘱人的灵魂（Alma）为信托受益人的制度。前文讲到的托罗法第36条规定：遗产管理人由于不愿如此做或在这样做之前死亡，未在规定的时间签署遗嘱或处分遗嘱人的遗产的，此等遗产直接归被上帝赋予无遗嘱继承权的遗嘱人的亲戚，如果此等亲戚并非儿子，也非法定的卑亲属或尊亲属，他们有义务为遗嘱人的灵魂处分1/5的遗产。他们在从遗嘱人死亡日起算的一年内未这样做的，在他们可请求此等遗产前或在它们成为任何人的财产的一部之前，我们的法院将强制他们完成有利于灵魂份的设立。❶ 该条讲的是遗产管理人不尽职导致遗嘱继承转化为法定继承，而得到遗产的法定继承人并非死者的至亲，所以要求他们拿出1/5的遗产来安顿死者的灵魂。如何安顿？无非是埋葬死者、实施葬礼葬仪、进行符合当地习俗的、与死者身份和财务状况相符的慈善安排。❷ 西班牙的上述规定很快传到受其影响的国家。❸

1871年的《阿根廷民法典》第3722条规定：……设立遗嘱人的灵魂为继承人的，则意味着应被适用于灵魂的祈祷和施舍。❹ 此条完全继受托罗法第36条。《意大利民法典》类此。其第629条第1款规定：在为已亡者（Anima）指定了确定的财产或者确定数目的款项的情况下，为已亡者所作的遗嘱处分有效。此款等于承认了可以设立有利于已亡者（即死者）的遗产信托，而且其第3款为这样

---

❶ Véase José Gonzalez y Serrano, ComentarioHistórico, CríticoyJurídico a aasLeyes de Toro, Tomo II, Madrid, 1876, p. 80.

❷ Véase José Gonzalez y Serrano, ComentarioHistórico, CríticoyJurídico a aasLeyes de Toro, Tomo II, Madrid, 1876, p. 83.

❸ 1889年的《西班牙民法典》第747条也规定了这一制度。其辞曰：如果遗嘱人将全部或部分的财产用于宗教和慈善事业以利于遗嘱人的灵魂，但未明确指明该财产的用途而使之处于悬而未决的状态，则遗嘱执行人将售卖该财产并对所得钱款进行分配；一半赠给主教使其将钱财用于指定宗教用途，另一半赠给所在省的省长，用于该地区的慈善机构。如果该省没有慈善机构，用于该省的事务。参见潘灯、马琴译：《西班牙民法典》，中国政法大学出版社2013年版，第218页。译者可能为了避免搞宗教迷信的麻烦，略去画线的文字不译。

❹ 徐涤宇译注：《最新阿根廷共和国民法典》，法律出版社2007年版，第792页。

的遗产信托提供了可操作性：即使在没有利害关系人请求履行义务的情况下，遗嘱人仍然可以为已亡者指定一名遗嘱执行人。[1]《葡萄牙民法典》也类此。其第 2224 条规定：(1) 就遗嘱人的灵魂的利益而作之遗嘱处分，如遗嘱人已指定用于此目的之财产，或为该目的所需之金额可予确定，则该处分属有效。(2) 上述遗嘱处分，构成继承人或受遗赠人之负担。[2]

但一些国家采取折中处理。1855 年的《智利民法典》第 1056 条第 4 款规定：遗嘱人遗留给自己灵魂的物，在未以其他方式特别指定其用途时，应被理解为遗留给慈善机构，并须遵守前款的规定。第 3 款规定：遗嘱分配针对慈善机构作成但未确指时，应将此等遗嘱分配授予共和国总统指定的慈善机构，在为此等指定时，应在遗嘱人所在省市的慈善机构中优先选择其一。[3] 2013 年的《阿根廷国民民商法典》第 2485 条第 4 款规定：以死者或其他人的灵魂为受益人的遗嘱处分，视为授权遗嘱人所属的宗教的最高权威负责将涉及的财产运用于慈善和社会救助目的。[4]

有些国家则采取反对处理。秘鲁 1852 年的民法典第 709 条禁止遗嘱人的灵魂当继承人。体现了死者不能当法律关系的主体的立场。[5] 另外，1870 年的《马耳他民法典》第 691 条（为遗嘱人灵魂的利益的处分）规定：以一般条款的方式，为遗嘱人或任何其他人

---

[1] 费安玲等译：《意大利民法典》，中国政法大学出版社 2004 年版，第 160 页。

[2] Ver Pires de Lima e Antunes Varela, Codigo Civil Anotado, Volume VI, Coimbra Editora, 1987, p. 357. 《澳门民法典》第 2055 条为了避免搞封建迷信的嫌疑，把《葡萄牙民法典》第 2224 条译为：1. 就遗嘱人为死后受悼念或为近似目的而作之遗嘱处分，如遗嘱人已指定用于此目的之财产，或为该目的所需之金额可予确定，则该处分属有效。2. 上述遗嘱处分，构成继承人或受遗赠人之负担。赵秉志总编：《澳门五大法典：澳门民法典》，中国人民大学出版社 1999 年版，第 521 页。

[3] 徐涤宇译：《智利共和国民法典》，北京大学出版社 2014 年版，第 166 页。

[4] Véase Código Civil y Comercial, En Boletin Oficial de la Republica Argentina, Año CXXII, Numero 32. 985. 2014, p. 79.

[5] Véase Verónica Zambrano, Herencias a Favor del Alma en el Siglo XIX, En Vol. 37 Themis, p. 271.

的灵魂的利益而进行的任何处分，如果没有明确指定其宗教用途的，将无效。❶

我国应采取何种立场？我认为，为已亡者设立的遗产信托的内容无非是照料墓地，承担日常祭祀。我国也有类似问题，我国甚至设立了清明节的法定假日让国人祭扫祖先。所以，《民法典》第1133条第4款规定的遗产信托可以以死者为受益人，正如我国《民法典》第994条也保护死者的人格权一般。

2021年5月1日完稿于南昌前湖宾馆，时值昌大百年校庆

2021年5月6日修改于胡里山炮台之侧

The Origin of Roman Law, the Overview of Comparative Law Study and Application in China of Inheritance Trust Stipulated in the "Civil Code"

Xu Guodong

Abstract: Article 1133, paragraph 4 of the "Civil Code" makes simple provisions for estate trusts. How to apply this rule? The first idea is to apply this provision in accordance with the definition of trust in the "Trust Law" However, this will exclude the "setter" trusts, the family estate trusts that exist in the name of subsequent successors, and the trust substitutes, that survive in the civil codes of continental legal system countries and will cause the loss of legal resources and ignore the reality that my country is basically a member of continental legal system. The concept of testamentary trust is took to the "Trust Law", but when this law was enacted, the academic and legislative circles of our country had a

❶ 李飞译：《马耳他民法典》，厦门大学出版社2012年版，第167页。

low level of understanding of trust, which resulted in a narrow coverage of the concept of trust. Once the law is born, it has its own life. Therefore, the concept of inheritance trust has been transplanted into the "Civil Code", it has owned independence and can give it new meanings, and even update the old concept in the "Trust Law" with this new understandings. Therefore, it is necessary to go beyond the understanding of testamentary trusts by the legislators of the "Trust Law" for applying the testamentary trust stipulated in the "Civil Code", and determine that it is applicable to the "setter" type, trust substitute type, and inheritance trust among families type. Even the entail system, after our country got rid of the one - child era, does not exclude the room for application. In addition, the honorary trusts in common law are represented in civil law as trusts in which animals and testator's souls are the beneficiaries. They exist in our country's daily life practice and conform to the national customs. They can also be considered as the applying form of the heritage trust system stipulated in the "Civil Code".

Key Words: inheritance trust; trust in which the trustee as a setter; fiduciary substitution; inheritance trust among families; entail

【实务研究】

辽宁省村民委员会民间借贷合同纠纷司法问题与对策研究*

郭洁**

内容摘要：通过典型案例检索和调研发现，辽宁省村民委员会借贷合同纠纷司法审判存在如下主要问题：一是村民委员会借贷合同主体认定的裁量标准多元且矛盾。二是村民委员会的主体地位及其界定依据模糊。三是法院审查村民委员会从事的借贷行为是否经过村民自治决议的授权，在司法实践中存在分歧。四是村民自治决议约束村民委员会借贷合同的裁判进路尚未统一。为有效解决上述司法审判问题，本报告提出四点建议。一是在借贷合同主体的司法选择上，应从严设置合同主体认定标准，将村民委员会负责人的签名和村民委员会的公章一并作为认定构成村民委员会借贷的法定要件。当借据上仅存在村主任之外的村干部签名时，应当将这类主体

* 本文为最高人民法院2019年度司法案例研究课题“服务乡村振兴背景下村民委员会借贷合同纠纷司法问题与对策研究”的阶段成果。

** 郭洁，辽宁大学法学院教授，研究方向：民商法学、经济法学。本文合作作者为佟彤、薛玉飞、唐屾。

作为村民委员会借贷行为的“经办人”，将“约定用途”与“记入村委会账目”结合在一起进行审查综合确定借款主体。二是明确村民委员会的主体定位是民事诉讼主体，而非责任的最终承担主体。承担责任的只能是实际从事借贷行为的、有过错的村干部个人或集体经济组织。三是法院在认定借贷主体时，应当对村民自治决议进行主动审查。四是遵循代表权效果归属进路，将村民委员会违反村民自治决议程序而代表集体经济组织签订的借贷合同定位于效力待定的合同，结合出借人是否构成善意对合同效果归属进行认定。此外，当村民委员会的借贷行为未经村民自治决议并且相对人对该情形的认知难以成立善意时，应当根据借贷合同的履行是否有损集体经济组织利益对还款主体进行判断，以实现对合同双方主体利益的均衡保护。

关键词：村民委员会借贷纠纷　合同主体　村民自治决议　效力性强制规定　代表权归属

一、引　言

2018年最高人民法院发布《关于为实施乡村振兴战略提供司法服务和保障的意见》，明确“依法妥善审理农村产权保护以及各类合同纠纷案件，筑牢乡村良好营商环境的市场基础”。乡村振兴战略的基础是维护和发展农村集体经济，而村民委员会借贷纠纷经常导致集体经济的财产损失，是村级债务的重要成因，直接影响农村基层自治的实施效果。本研究以辽宁省地区为研究范本，致力于探寻村民委员会借贷合同案件的司法问题，进行具体规则设计。

本次调研主要通过发放调查问卷和实地调研的方式获得实证资料，辅之以运用Alpha法律数据库（阿里云大数据库法律分支）对辽宁省村民委员会借贷纠纷的典型案例和案件总体趋势进行数据统计。调研组向辽宁省内各地市县两级法院发放调查问卷，回收问卷共计1013份，其中有效问卷924份，有效率达91.21%。对于所获数据，运用频数分析$\left(Percent = \frac{Frequency}{\text{总次数}}\right)$的统计方法，充分反映总体中所有单位在各组间的分布状态和分布特征。此外，本课题组于2019年10月15日赴辽宁省海城、辽阳法院进行实地调研，针对村民委员会借贷纠纷司法审判中存在的突出问题及法律对策分别与研究室、民庭、刑庭等相关工作人员进行交流和探讨，以求提升调研资料的丰富性和真实性。

二、辽宁省村民委员会借贷合同案件审理的总体情况

调研组以2015年8月1日最高人民法院《关于审理民间借贷案件适用法律若干问题的规定》（以下简称《民间借贷司法解释》）的出台为始点，至2019年8月1日为检索确定的时间范围。本次检索共获取1786篇裁判文书。据案件数量的年份分布显示，辽宁省法院审理的村民委员会借贷合同纠纷案例数量呈逐年增长的趋势：2016年共计351件，2017年共计434件，2018年共计551件；2017年较2016年增长83件，增长率为23.65%，2018年比2017年增长117件，增长率达26.96%（见图1）。

通过对案件标的额的统计可知，村民委员会借贷合同标的额为50万元以下的案件数量占比最多，有1179件，100万元至500万元的案件有18件，50万元至100万元的案件有14件，500万元至1000万元的案件有6件，2000万元至5000万元的案件有2件（见图2）。当前辽宁省村民委员会债务问题较为突出。根据沈阳市浑南新区法院的调研数据，该区管辖村民委员会188个，涉及负债的村数为32个，负债总数974.62万元；新民市法院从该市农经局调研的数据表明，该市管辖原有村民委员会404个，涉及负债的村数为373个，负债总数47726万元；沈阳市法库县农村经济局2016年4月21日村级债务情况统计表反映，全县总计村级债务达33549万元，分布17个乡镇、街道，平均每个乡镇和街道负债规模为

1973.47 万元，负债最高的乡镇为 4411 万元，负债最低的乡镇为 129 万元；法库县法院调研的数据表明，该县总计村级债务达 41862.6219 万元，分布 19 个乡、镇，平均每个乡镇负债规模约达 2203 万元。[1] 这表明，当下辽宁省大部分集体经济组织发展的经济基础较为薄弱，村集体财政力量有限，村民委员会借贷纠纷是集体经济组织承受债务负担的重要原因。该类纠纷的妥善解决直接关系到乡村振兴战略在辽宁省的实施水平。

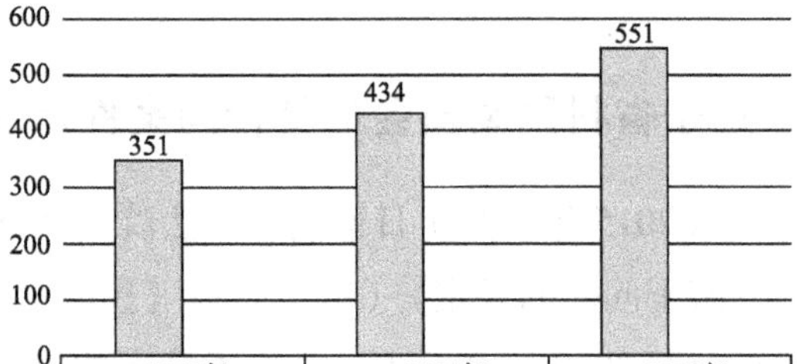

	2016年	2017年	2018年
□案件数量（件）	351	434	551
■增长率（%）		23.65%	26.96%

图1　辽宁省市县两级法院村民委员会借贷合同案件数量统计（2015.8—2019.8）

	50万元以下	50万~100万元	100万~500万元	500万~1000万元	1000万~2000万元	2000万~5000万元	5000万~1亿元	1亿元以上
□案件数量（件）	1179	14	18	6	1	2	1	1
■所占比例（%）	96.48	1.15	1.47	0.49	0.08	0.17	0.08	0.08

图2　辽宁省市县两级法院村民委员会借贷纠纷标的额统计（2015.8—2019.8）

注：表中借贷金额左含右不含。

---

[1] 辽宁省沈阳市中级人民法院课题组：《村级债务的风险防控及多元化解》，载《人民司法》2017年第1期。

调研组基于辽宁省内市县两级法院的问卷调查统计，为村民委员会借贷纠纷审理中合同主体的识别、借贷合同效力的认定等具体问题的发掘和解决奠定较为充分的实证基础。

表1　辽宁省市县两级法院村民委员会借贷纠纷调查问卷数据统计（2015.8—2019.8）（2020年1月24日辽宁省高院提供）

问卷发放对象		数量（份）
地、市级	县、区级	
本溪市	中级人民法院	20
	平山区	20
	溪湖区	20
	本溪满族自治县	20
	南芬区	20
	明山区	20
	恒仁法院	20
葫芦岛市	中级人民法院	20
	绥中	20
	兴城	20
	建昌	20
	南票	20
	龙港	20
	连山	20
锦州市	北镇市	1
	凌海市	6
沈阳市	中级人民法院	16
	浑南区	3
	于洪区	20
	康平区	20
	辽中区	15
	沈北新区	16
	法库	20

续表

问卷发放对象		数量（份）
地、市级	县、区级	
营口市	大石桥市	26
鞍山市	铁东区	2
	立山区	20
	千山区	11
	中级人民法院	20
	岫岩县	20
	海城	20
丹东市	中级人民法院	3
	宽甸	5
	东港	5
	凤城	5
	元宝区	5
	振安区	8
辽阳市	中级人民法院	3
	白塔区	8
	辽阳县	7
	灯塔	20
	白塔	6
大连市	中级人民法院	14
	普兰店区	20
	金州区	20
	庄河市	11
	旅顺口区	20
盘锦市	中级人民法院	20
	盘山	20
	兴隆台区	20
	大洼区	20
	双台子区	5

续表

问卷发放对象		数量（份）
地、市级	县、区级	
抚顺市	清原满族自治县	20
	中级人民法院	20
阜新市	中级人民法院	14
朝阳市	中级人民法院	12
铁岭市	中级人民法院	15
	昌图县	20
	清河县	20
纸质版小计		882
电子问卷	39	
在职法硕	2018 级	45
	2019 级	47
总量：1013		

三、辽宁省村民委员会借贷合同纠纷司法审判的问题分析

（一）村民委员会借贷合同主体认定的裁量标准多元且矛盾

村民委员会借贷合同纠纷案件审理中，法院认定借款主体的裁判依据主要包括：借贷合同订立中的签名、公章、约定用途等形式要件，合同履行过程中的款项实际用途、去向、是否入账、合同相对人对款项实际用途是否明知等因素。通过调查统计可知，辽宁省市县二级法院认定借款主体的主要裁量因素分别是“有村民委员会盖章”（29%）、“款项进入村民委员会账户”（27%）、“由村民委员会实际使用”（26%）、“相对人有合理理由信赖借款用于村集体”（18%）（见图3）。

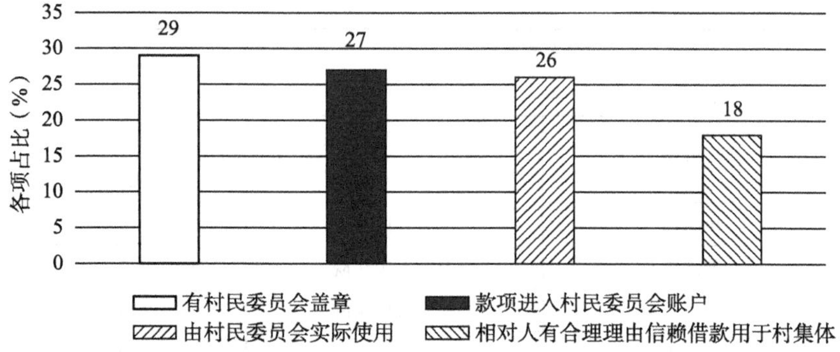

图3 辽宁省市县两级法院在村民委员会借贷合同纠纷中认定借款主体的裁量因素统计（2015.8—2019.8）

1. 依据“形式借贷法律关系的成立”认定合同主体

这一裁量因素要求将借贷合同法律关系中的订约主体作为判定借款人的依据，至于款项用途、是否入账等作为村集体的内部事务，并不影响借款主体的认定。主体外观上，借贷合同主体存在三种表现形式：仅有村干部个人签名、仅有村民委员会的公章、同时具备签名和公章。裁判分歧主要表现为：

第一，当借贷合同上同时存在村干部个人签名和村民委员会公章时，对于村干部是基于借款人还是担保人的身份参与借贷关系，存在不同裁判观点。多数法院倾向认定签名行为成立职务代表。但是，亦有法院持不同裁判观点，认定村干部的签名行为并非基于职务代表关系，而是具有主体身份的独立性，是以此项借款的担保人身份为之，并构成连带承担还款责任的依据。在“雷某鸣与张某峰、濮阳县海通乡后双庙村委会民间借贷纠纷”中，2017年9月时任濮阳县海通乡后双庙村委会支书的被告张某峰以村委会资金周转不开为由从原告处借款2.7万元，当日被告张某峰以濮阳县后双庙村委会的名义给原告出具借条并加盖村委会的公章，张某峰个人亦在借条上签名。法院除基于公章认定借款人为双庙村委会外，并认定“因被告张某峰在借条上签名，原告要求被告张某峰承担还款责任，本院予以支持”。[1]

第二，当借贷合同上只有村干部个人签名时，对于认定借款主体为村民委员会还是村干部个人，存在争议。通常认为，在涉村民委员会借贷中，基于村主任、村书记在村民委员会的履职代表身份，借据上的村干部签名与村民委员会的公章具有同等效力。此外，对于具有代表权限的村干部的范围，有法院认可村出纳、村会计等村干部亦具有代表资格，其借贷行为可构成职务行为。例如，“上诉人北镇市常兴店镇观军场村委会与被上诉人陈某菊、原审被告温某利民间借贷纠纷”一案，2004 年 4 月 1 日，原审被告温某利任原北镇市常兴店镇上观村委会（现观军场村村委会）现金。因上诉人偿还银行贷款需要资金，向被上诉人陈某菊借款 60000 元，由温某利出具收据，在收款收据的收款事由一栏载明“村借款还银行”并在出纳处签名。一、二审法院均认定温某利作为村出纳履行的是一种职务行为，北镇市常兴店镇观军场村委会与陈某菊之间存在民间借贷关系。[2]

2. 依据“实际履行中款项用途及入账情况”认定合同主体

实践中，部分法院将签名和公章作为认定借款人的初步依据，以“实际用款人”“是否记入村委会账目”作为判定借款主体的最终依据。在对辽宁省海城市法院的调研中，海城法院提出，当借据上仅有村干部个人签名时，必须进一步审查款项用途。具体的裁判规则是：当出借人起诉村干部个人时，通过审理发现村民委员会是实际用款人的，主动告知原告可追加村民委员会为共同被告，原告不同意追加的，则将村民委员会列为案件的第三人，最终判决以实际用款人为借款人。辽宁省新民市法院亦采纳这一裁判规则，当村主任以个人名义借款时，根据款项是否实际用于村集体事务，作为

---

[1] 参见河南省濮阳县人民法院（2018）豫 0928 民初 4109 号民事判决书。

[2] 参见辽宁省锦州市中级人民法院（2018）辽 07 民终 2006 号民事判决书。

认定是否构成村委会借款的依据。例如，“上诉人姚某祥与被上诉人瓦房店市李官镇杏树村民委员会、原审被告王某波、原审被告郑某臣民间借贷纠纷案”中，二审法院认定：因借据由杏树村委会会计郑某臣书写，时任村委会主任王某波在借据上签名并盖个人印章，该借据上无杏树村委会印章，该借据能够证实王某波经手向上诉人借款；因现任村委会主任姚某祥和会计郑某臣均称不知王某波将款项用于何处，郑某臣亦称王某波未将该笔借款交给村里入财务账，现有证据不能证实杏树村使用了涉案款项，一审认定涉案款项系由王某波个人支配并无不当。[1] 该案的判决表明，村主任并不依据其职权而当然取得代表村民委员会的法律主体身份，相对人对款项用途仍负有审查义务，否则无法形成可信赖的权利外观。与之相似，在“刘京林诉余干县鹭鸶港乡上城村委会民间借贷纠纷案”中，虽借据由村书记刘某国和会计许某善出具，没有加盖村委会的公章，但法院认为借款用于村委会上交乡政府的财税任务，且该债务一直在村委会的借款账目中有记载，应认定借款人为上城村委会。[2] 据此，当借据上仅有村委会主任等村干部的个人签名时，需要考虑借贷合同中的履行因素，特别是款项实际用途及是否进入村民委员会账户，并以此为依据认定借款主体是个人还是村民委员会。

3. “综合运用证据规则”认定合同主体

2015年《民间借贷司法解释》第16条第2款的规定，较为典型地体现了“多要素权衡并综合判定”的裁判思路。[3] 村民委员会民间借贷纠纷作为特殊的民间借贷纠纷，在进行借款主体识别时，并未拘泥于合同的缔约主体或款项实际用途等单一要素，而是将案

---

[1] 参见辽宁省大连市中级人民法院（2018）辽02民终10268号民事判决书。

[2] 参见江西省余干县人民法院（2016）赣1127民初1911号民事判决书。

[3] 《民间借贷司法解释》第16条第2款规定：“被告抗辩借贷行为尚未实际发生并能作出合理说明，人民法院应当结合借贷金额、款项交付、当事人的经济能力、当地或者当事人之间的交易方式、交易习惯、当事人财产变动情况以及证人证言等事实和因素，综合判断查证借贷事实是否发生。”

件审理的重心设在证据规则的运用，通过对资金用途、款项是否入账、大多数集体经济组织成员是否明知等因素进行综合审查。在"上诉人大连金普新区杏树街道台子村民委员会与被上诉人许某廷民间借贷纠纷案"中，二审法院认为：被上诉人许某廷持有上诉人台子村委会出具的二张专用收款收据，载明借款金额、用途，并加盖该村委会印章，且其持有的收据联与村委会留存的存根联相一致，收据的真实性应予确认。被上诉人曾经担任上诉人的法定代表人，其陈述为本村建设垫付相关费用具有一定合理性，再结合上述款项系多笔款项的累计、台子村新农村建设支付明细表列明了各种支出项目及金额、多份专用收款收据及发票与明细表中的支出能够一一对应，时任村委会会计亦出庭证实借款情况，而上诉人也未举证证明在案涉借款发生期间有关部门对新农村建设有相应拨款，故可以认定案涉借款已经实际发生。上诉人主张被上诉人具有掌握村委会财务及印章的便利，而该两笔借款并没有向街道上报，所以不存在案涉借款，被上诉人解释因换届选举等原因未及时上报，具有一定的可信度，上诉人仅以未上报、未严格履行"村账镇管"的财务制度为由否定借款的发生理由不充分，本院不予支持。[1] 于此，法院对借款主体的认定并非局限于单一证据形式，而是结合盖章情况、账目明细、村委会会计陈述等证据综合认定借款主体。

调研中，辽宁省本溪市中级人民法院反映，村民委员会借贷案件中的证据材料一般存在如下问题：第一，对于借贷关系的成立，只存在简单的借据，甚至没有借据原件；部分案件中，只能提供见证人进行说明，而见证人往往是村委会干部，与认定是否成立村民委员会借贷存在明显的利害关系；第二，借贷合同的主要条款缺失，多数缺少利息、借款期限、借款用途等方面的约定；第三，村民委员会公章、账目管理混乱，财务制度不健全。这些问题削弱了借据、账目记载等证据的证明力，难以仅凭其中之一直接作为认定借款主

---

[1] 参见辽宁省大连市中级人民法院（2019）辽02民终2862号民事判决书。

体的依据，此类案件的审理重心在于证据规则的运用。

综上，在辽宁省村民委员会借贷合同纠纷案件的司法实践中，借款主体的识别存在依据“合同订立中的形式主体”“实际履行中用途、入账等要素”“运用证据规则综合权衡”等裁判标准的争议，且这些裁量因素之间彼此难以相容并由此形成裁判标准的分歧。以村干部签名的借据为例，根据之前对典型案例的提炼和介绍，有法院认定村主任因具有代表权限，其个人签名与村委会公章具有相同的法律效果，应直接认定构成村委会借贷。在另外一些判决中，村主任个人签名本身并不能自我说明其从事借贷行为时的主体身份，必须以款项是否实际用于集体经济组织或与其他证据的印证结果作为最终依据。有必要说明的是，裁判标准择取的差异必然造成相对人承接的审查义务的宽严之别，其信赖利益的确定和保护具有极大的不确定性。以实际履行要素作为裁判标准时，表明相对人不能仅仅依据村主任的代表身份而直接产生合理信赖，而是必须审查款项的实际去向、是否入账等借贷合同履行事项，设置了较为严苛的相对人的善意标准和审查义务。

（二）村民委员会的主体地位及其定位依据模糊

司法实践中，村民委员会借贷合同纠纷的核心争议是借贷合同主体的判定，尤其是当仅存在村民委员会负责人等村干部签名的情形下，是认定为村干部的个人行为还是代表村民委员会的职务行为，存在争议。据对辽宁省市县二级法院的调查统计，在村干部个人签名的借贷合同纠纷中，存在认定为村干部个人借款、村民委员会借款、共同借款的不同裁判观点。多数法院的裁判规则是将村干部的签名视为代表村民委员会的职务行为，村民委员会是借贷主体（见图4）。

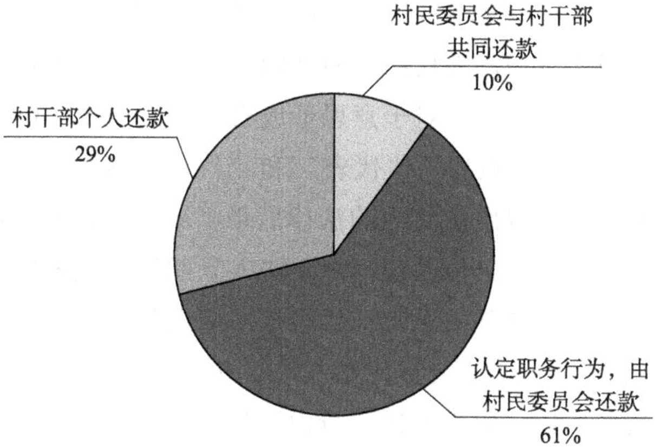

图4 辽宁省市县两级法院对由村干部签名的借贷合同中的借款主体认定统计（2015.8—2019.8）

1. 具有代表权限的村干部范围过于宽泛

基于组织法的立法定位，《村民委员会组织法》从组成、职责、选举、村民会议和村民代表会议、民主管理和民主监督等方面对村委会的运行进行了规定，第6条仅明确“村民委员会由主任、副主任和委员共三至七人组成”，但并没有在行为法层面对村民委员会实施法律行为的规则进行设计。《民法典》虽赋予村民委员会特别法人地位，但在村民委员会内部，法定代表人是否当然是由村委会主任担任，还是由法律授权村民自治决议进行具体设定，并无具体规则。在认定有村干部签名的借贷合同主体能否归于村民委员会时，有代表权限的村干部的具体范围并未得到明确限定，导致实践中存在将村主任、村书记、村会计等村干部签名的借贷行为定性为村民委员会借贷的审判实践。如前述的“上诉人北镇市常兴店镇观军场村委会与被上诉人陈某菊、原审被告温某利民间借贷纠纷一案”，法院认定温某利作为村出纳，在收款收据上签字的行为不是个人行为，而是代表村民委员会的职务行为。

2. 村民委员会主任代表权限的权源基础不明

村民委员会主任代表权的权源基础是法定代表权还是一般代理权，法律并无明确规定。对于意思形成机关与意思执行机关之间法律关系的调整，民法设置了“代表”和“代理”两种路径。代表制度和代理制度均用以解决行为的法律后果归属问题，但二者具有完全不同的制度构造。具体来说，由于法人只能经由代表机关实施交易，所以在法人的外部关系上，代表权原则上是一种概括的、不受限制的权限。[1] 但代理人与被代理人只是偶然的外部关系，代理人进行代理活动时，依法应表明代理身份和权限，第三人一般也要求代理人提供授权委托证明，审查其代理权限，否则第三人有重大过失。[2] 现有法律并未针对认定村委会主任的行为归于村民委员会（集体经济组织）的权利基础进行规定，村委会主任是以法定代表人的身份还是代理人的身份从事借贷行为，司法实践中也未形成一致观点。在“原告宋某家与被告大连市普兰店区城子坦街道源发村村民委员会民间借贷纠纷案”中，法院依据《民法总则》第170条规定“执行法人或者非法人组织工作任务的人员，就其职权范围内的事项，以法人或者非法人组织的名义实施民事法律行为，对法人或者非法人组织发生效力。法人或者非法人组织对执行其工作任务的人员职权范围的限制，不得对抗善意相对人”，直接认定崔某的行为是职务行为，而并未审查被告提出的村委会的支出应当经过村委会讨论、记录并由经管科主管领导审批等借贷要件。[3] 但是，在前述“上诉人姚某祥与被上诉人瓦房店市李官镇杏树村民委员会、原审被告王某波、原审被告郑某臣民间借贷纠纷案”中，二审法院综合借据上无杏树村委会盖章、现任村委会不知王某波将款项用于何处、该笔借款未交给村里下财务账等因素，认定能证实杏树村使用了案

[1] 朱广新：《法定代表人的越权代表行为》，载《中外法学》2012年第3期。
[2] 韩丽虹：《论代表与代理之法理比较》，载《北方工业大学学报》2005年第4期。
[3] 参见辽宁省大连市普兰店区人民法院（2018）辽0214民初647号民事判决书。

涉款项。即村委会主任并非当然具有村委会的法定代表人身份，其以村委会名义实施的借贷行为仅作为代理权的行使予以对待，相对人需要审查村主任的代理权限以表明自身达到了“善意”。

3. 村民委员会与集体经济组织的民事主体地位混同

在结合借款合同的订立主体、款项用途等因素判定村委会主任的借贷成立职务行为后，法院判决确认的还款责任主体为村民委员会，而非集体经济组织。

一方面，在诉讼主体的选择上，涉村民委员会借贷合同案件中，被告类型主要为村民委员会、村委会干部或二者构成的共同被告。通过对辽宁省市县二级法院“村民委员会借贷纠纷被告情况”的调查统计，发现以集体经济组织为被告的案件占全部案件比例仅为12%（见图5）。调研中，辽宁省辽阳市中级人民法院的法官提出，虽然现有法律明确规定了集体经济组织的民事主体地位，但实践中其很少作为一类诉讼主体参与民事诉讼。集体经济组织在民事诉讼法上无诉讼主体地位，造成民事实体法中的特别法人主体定位与程序法中的诉讼主体规则之间衔接不畅。

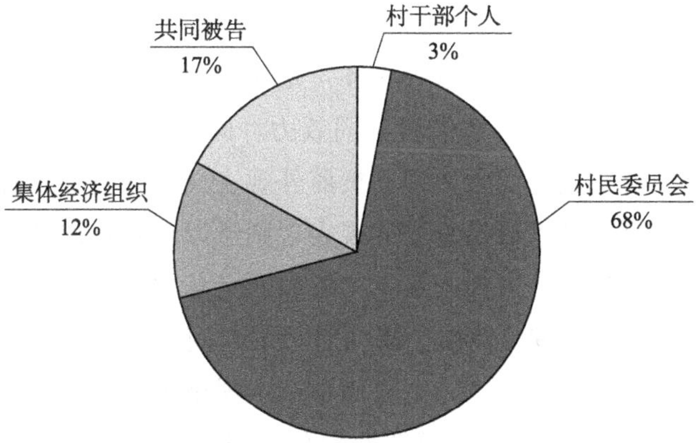

图5　辽宁省市县两级法院审理的村民委员会借贷合同纠纷被告情况（2015.8—2019.8）

另一方面，程序性诉讼主体与实体性责任承担主体混同。当前审判中，村民委员会借贷纠纷中的典型争议为借款主体的认定，即村委会负责人等村干部借款行为的法律后果是否应归于村民委员会，判决中普遍将村民委员会而非集体经济组织认定为还款责任的实际承担者。从主体定位上，村民委员会作为集体经济组织的代表主体，本身不具有独立的利益和承担实体责任的能力，当前审判实践中认定构成集体经济组织借贷后，普遍地将村民委员会作为还款责任人的做法有必要反思并更正。

（三）村民自治决议在村民委员会借贷合同案件中的审查定位存在分歧

1. 裁判观点之一：村民自治决议不应纳入审查范围

调研中，多数法官认为，村民委员会从事借贷行为时，与普通的借贷主体并无差异，不应审查借贷行为是否经过村民自治决议的授权。司法处理上，村民委员会借贷案件与一般的民间借贷合同纠纷均应一体适用《民法典》和《民间借贷司法解释》，只审查借款人的签名、盖章以及款项用途、是否入账等法定借贷合同要件。不应当科以债权人对决议的审查义务，尤其是款项确实用于村内事务时，不能以未经决议否定借贷合同效力。即按照内外有别的原则，外部借贷关系的成立及主体识别按照外观主义原则进行审理，存在以村民委员会名义进行借贷的外观表现则予以认定；涉及村干部或村委会越权借贷时，内部依照真实的权利义务关系，追究责任人的侵权责任，另行处理。例如，在“周某明与阆中市水观镇金鼎观村委会民间借贷纠纷案”中，被告阆中市水观镇金鼎观村村民委员会因举办该村公益事业资金短缺向原告周某明借款30000元，并于2010年7月16日由该村村委会向原告出具借据一份，借据载明“借周某明代款修公路大队至土地桥，金额叁万元，2010年7月16日”，并加盖了被告阆中市水观镇金鼎观村村民委员会公章。法院认定：

"被告村委会向原告周定明借款，有当时被告向原告出具的借据为据，且借据上加盖了该村村委会公章，对原、被告之间的借款事实本院予以确认。被告村委会主张该借款未经村民代表大会同意，是危代春个人借款，本院认为借款须经村民代表大会同意是村委会内部管理制度，危代春作为该村村委会书记并出具加盖被告村委会公章的借据，其行为应属于履行职务行为，该借款应当由村委会偿还，故对被告该主张本院不予支持。"[1]

2. 裁判观点之二：村民自治决议应纳入审查

少数观点认为，村民委员会借贷案件中应对村民自治决议进行审查。例如，在"张某民与沛县双楼村委会民间借贷纠纷案"中，1998年原沛县安国乡张双楼村民委员会陈庄村民小组为修建本村民小组的下水道，经该村民小组组长朱某朋向原告张某民借款15500元，并出具借款单1份，同时约定"本借款计息，以年息百分之三十计息。本借款计息自借款之日起，到归还本利息还清止"。2002年，沛县安国乡张双楼村民委员会变更为沛县安国镇双楼村民委员会。原告诉至法院，被告以借款合同未经三分之二村民同意抗辩借款合同无效，请求驳回原告的起诉。一审江苏省沛县法院认定："合同法第52条第1款第（5）项规定违反法律、行政法规的强制性规定的合同无效。被告村民小组向原告张兆民借款时未按村委会组织法规定的程序办理，故原告张某民与被告签订的借款合同属无效合同。原告的损失根据相关规定，按中国人民银行公布的1年期基准贷款利率分段予以计算。"上诉人张某民不服上述民事判决，向江苏省徐州市中级人民法院提起上诉。徐州中院二审后认为，关于合同效力问题，村民委员会组织法第28条关于村民小组会议等的规定，约束的是农村集体组织的内部管理行为，不能对抗第三人，故原判决据此认定借款合同无效不妥，应予纠正。[2]

---

[1] 参见四川省阆中市人民法院（2016）川1381民初字2153号民事判决书。

[2] 参见江苏省徐州市中级人民法院（2013）徐民终字第293号民事判决书。

（四）村民自治决议约束村民委员会借贷合同的裁判进路尚未统一❶

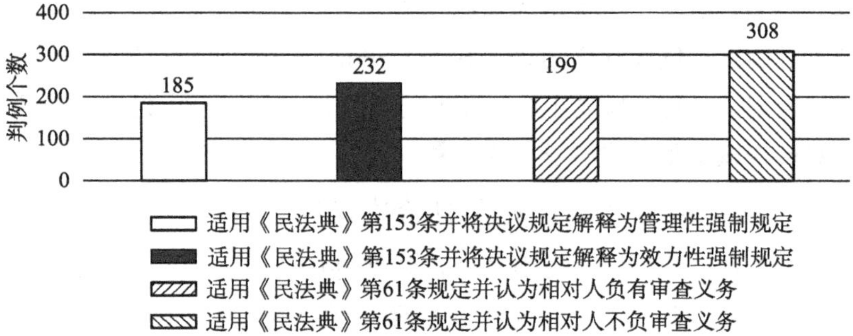

图6 辽宁省市县两级法院对于“村民委员会借贷应当经过村民自治决议”法律规范性质认识

（数据统计范围2015年8月至2019年8月）

1. 裁判路径之一：合同效力进路

（1）村民自治决议的法律规定作为管理性强制规定。

在合同效力的裁判进路下，多数法院将村民自治决议的法律规定仅作为管理性强制规定，对借贷合同效力没有影响。例如，在“原告新民市卢家屯乡高胡地村第五村民小组诉被告新民市卢家屯乡高胡地村民委员会、孙某、第三人安某刚、王某确认合同无效纠纷一案”中，法院认为：《农村土地承包法》第48条是发包方对外发包土地的程序性规定，是法律规范中的管理性规范，并不是效力性规范，因此，对该条规定的违反并不必然导致合同无效。❷ 据此，村民自治决议被视为集体经济组织处分财产的内部程序性控制手段。当村干部未经决议或违反决议内容越权进行借贷时，极易造成侵害集体经济组织财产权益、倾斜保护相对人的利益失衡后果。

---

❶ 相关调研数据见图6。

❷ 参见新民市人民法院（2016）辽0181民初2699号民事判决书。

司法实践中，将村民自治决议作为管理性强制规定的观点，实际上也映衬了决议效力的内外区隔的法律规则，即对决议法律规定的违反并不必然导致对外合同的直接无效。村民自治决议并不能直接变动民事法律关系，而仅产生约束村集体成员的内部性法律效果。有学者指出，社团不能依据决议与相对人形成权利义务关系，决议行为并非完整的法律行为，仅系法律行为之效果意思形成阶段，尚需通过执行机关的表示行为表示于外。[1] 为保护经由正当程序达成决议所承载的农民集体意志，《民法典》对村民自治决议本身设置了撤销决议的效力内部控制条款。该法第265条第2款规定："农村集体经济组织、村民委员会或者其负责人作出的决定侵害集体成员合法权益的，受侵害的集体成员可以请求人民法院予以撤销。"除了该条文对村民自治决议进行直接规制以外，《民法典》针对营利法人和捐助法人所确立的"依据被撤销的决议与善意相对人形成的民事法律关系不受影响"的效力区分规则亦存在类推适用的空间。

（2）村民自治决议的法律规定作为效力性强制规定。

少数观点将村民自治决议作为效力性强制规定，未经决议则导致借贷合同无效。在"孟某毅与抚顺沈抚新城李石经济区西三家子村委会民间借贷纠纷上诉案"中，2011年被告抚顺沈抚新城李石经济区西三家子村委会向原告出具"借条"一份，内容为：今向孟某义借款人民币300，000.00元，叁拾万元整，待村里的机动地补偿款到位后付清，每月按利息壹万元付息。二审法院认定：该份借条上有时任村委会主任和村书记的签名并加盖了村委会的公章，可以认定村委会向孟某毅借款30万元的事实。同时，依据《民间借贷司法解释》第14条民间借贷合同无效规定，认定《村民委员会组织法》第24条"涉及村民利益的下列事项，经村民会议讨论决定方可办理：以借贷、租赁或者其他方式处分村集体财产"构成效力性强

[1] 徐银波：《决议行为效力规则之构造》，载《法学研究》2015年第4期，第164－183页。

制规定，指出“本案中，双方均认可村委会向孟某毅借款未经该村村民民主议定程序讨论通过，故2011年3月8日，村委会与孟某毅达成的借款30万元的民间借贷合同应当认定为无效”。[1]

2. 裁判路径之二：代表权效果归属进路

虽然当前村民自治决议进入村民委员会借贷合同纠纷审理的主要进路是合同效力进路，但亦存在基于代表权效果归属进路对决议法律规定进行适用的裁判案例。例如，在“许某生等诉浦江县岩头镇车门村后严自然村民间借贷纠纷案”中，2008年至2015年期间，被告因村庄整治、电力水利等公益设施建设需要，先后以向原告借款、由原告代付工程款的方式多次向原告借款。2015年8月8日，经原告与部分后严村村民代表协商，双方达成还款协议书一份。对于该还款协议书的效力，法院认定：根据相关法律规定，村民小组行使诉讼权利应当参照《村民委员会组织法》规定的履行民主议定程序，故原告与部分村民代表于2015年8月8日签订的还款协议书其法律效力有待确认。[2] 对于集体土地承包合同纠纷亦存在相同的裁判进路。在“临高县皇桐镇中林村委会美珠村民小组与王某祥等土地承包合同纠纷案”中，法院认为：关于王某茂等人在《土地承包合同书（补充协议）》附件上代签123个村民名字同意发包是否有效的问题。首先，根据《合同法》第49条“行为人没有代理权、超越代理权或者代理权终止后以被代理人名义订立合同，相对人有理由相信行为人有代理权的，该代理行为有效”之规定，审查王某茂等人的代签名行为是否构成表见代理行为，是解决本争议焦点的关键。根据上述法律规定，构成表见代理应同时具备行为人具有代理权的客观表象和相对人善意无过错两个方面的要件。在本案中，王某茂等行为人来自原告不同的农户家庭，在本村领导人主持的村民会议上、在同一份合同附件上签署其家庭成员的名字同意发包，在场的

[1] 参见辽宁省抚顺市中级人民法院（2017）辽04民终1147号民事判决书。

[2] 参见浙江省浦江县人民法院（2017）浙0726民初3204号民事判决书。

其他村民也未提出异议，在客观上形成了王某茂等行为人具有对本家庭成员的代理签名权表象，其代签名行为符合表见代理的客观要件。而被告作为外来承包者，根本无法知晓原告出具的村民名单中谁是本人签名、谁是被他人代签名、谁是本村人、谁是外村人、谁是假名，故有完全、充分的理由相信王某茂等人具有代理签名权，也有完全、充分的理由相信原告向其提供该村同意发包的村民名单是真实、合法的。因此，被告属于善意无过失，符合表见代理制度关于相对人须为无过失的要件。故王某茂等人在承包合同上代签123人村民名字的行为构成表见代理，其代签行为有效。[1] 循此裁判进路，村民委员会或村干部未经村民自治决议而对外签订的合同构成无权代表，并非无效，合同效果的最终归属主体需要根据是否得到集体经济组织追认、相对人是否构成善意等因素进行确定。

四、辽宁省村民委员会借贷合同纠纷司法审判问题的法律对策

（一）村民委员会借贷合同主体的司法选择方案

1. 公章及签名应作为认定村民委员会借贷主体的直接依据

村民委员会借贷合同主体司法认定所要解决的核心问题是探究借贷合同应视为以村干部个人名义还是村民委员会名义订立。司法实践中，对于村干部签名和村民委员会公章的作用认识并不统一。有的法院基于村干部尤其是村主任的职务代表地位，认为依据村干部签名即可认定村民委员会为借贷主体，但有的法院只认可村民委员会公章的识别作用。《民法典》第490条第1款规定："当事人采用合同形式订立合同的，自当事人均签名、盖章或者按指印时合同

[1] 参见海南省临高县人民法院（2005）临民初字第50号民事判决者书。

成立。”该法将合同主体的“签字”“盖章”“按指印”作为合同的成立要件，认可二者择一适用，均能发生合同成立的法律效果。村民委员会借贷案件不宜概括适用《民法典》“合同编”规定的合同成立要件，应从严设置合同主体认定标准，将村民委员会负责人的签名和村民委员会的公章一并作为认定构成村民委员会借贷的法定要件。

之所以将公章和签名一并作为认定借贷合同主体的要件，其依据主要在于：一方面，公章管理不规范导致其主体识别功能被削弱。因部分村民委员会存在“一村多章”等公章管理不规范的现象，公章的主体识别功能和证明力被削弱。在民法范畴，印章具有识别主体的作用：在一书面载体上使用印章，不仅表明该书面内容是法律主体的意思表示，更表明该意思主体具体为何人；在法律行为主体是法人（或其他组织）的情况下，由于一个组织体在物理上不能实施签字行为，需要通过作为其代表人的自然人实施签字或盖章行为，法人的印章便起到一个区别主体身份的作用。[1]“一村多章”情况下，公章被不同的实际控制者所占有，公章的实际控制者与名义所有者处于分离状态而不具有同一性，证明力大幅降低。另一方面，村民委员会负责人具有双重法律主体身份。当仅存在村主任个人签名的情况下，签名本身不能独立区分行为主体是作为自然人的村主任个人还是村委会的代表者。但通常认为，在代表人签名的文件上，再盖有法人公章，以此可确定该签字行为是属于职务行为，而不是签字人的个人行为。有必要说明的是，有的法院将存在村委会公章情况下的村主任签名视为以保证人身份对该借款承担保证责任，这种裁判观点合法性不足。根据《民间借贷司法解释》第21条的规定：“他人在借据、收据、欠条等债权凭证或者借款合同上签字或者盖章，但未表明其保证人身份或者承担保证责任，或者通过其他事实不能推定其为保证人，出借人请求其承担保证责任的，人民法院不予支持。”保证人主体身份的认定

---

[1] 陈甦：《印章的法律意义》，载《人民法院报》2002年8月23日02版。

需要以明确的或可推知的保证意思表示为前提，在不存在其他证据的情况下，如果借据上盖有村民委员会公章，并存在村主任签名，应当认定为村主任以职务身份为之。

2. 仅有负责人之外的村干部签名应结合其他因素综合判定借贷主体

当借据上仅存在村主任之外的村书记、村会计、村出纳等村干部签名时，应当将这类主体作为村民委员会借贷行为的“经办人”，借据本身不能独立作为判定合同主体的依据，需要对款项实际用途、是否记入村委会账户、相对人对款项用途是否知道或应当知道等综合认定。对此，有的法院的审查以“借条等债权凭证上的约定用途”为限，款项约定用于村公共事务的，则认为签字成立职务行为；但亦有法院进行更为深入的实质审查，包括入账行为、借款实际的去向和用途均在审查之列。以约定用途审查为限，对相对人施加的审查义务过轻，极易造成村干部以村集体需要为名侵犯村集体财产权益的不良后果。但是，借款的实际用途和去向应归为借贷合同生效后的履行事项，要求相对人对此进行审查未免过于严苛。将“约定用途”与“记入村委会账目”结合审查，能够兼顾相对人的信赖利益和村集体财产权益的平衡保护。

有必要指出的是，村民委员会被定位为特别法人后，应比照法定代表人的制度构造完善村民委员会的治理结构。对村民委员会的法定代表主体进行明确，以严格约束代表权的行使主体。村民委员会主任应具有法定代表主体的资格，村主任之外的村干部在代表村民委员会从事民事法律行为时，应当适用代理的一般原理，于特定情境中取得村民委员会的明确授权以形成合法的权利外观。

（二）借贷合同纠纷中村民委员会应定位于民事诉讼主体

1. 村民委员会借贷未经集体经济组织授权时仅具有形式主体地位

当村民委员会的借贷行为未经集体经济组织授权时，构成越权借贷。《民法典》从农民集体所有权的规制角度，提出村民委员会是所有权的代表行使主体。作为农民集体所有权的管理者或者行使代表，他所行使的集体所有权，是集体成员集体的所有权，不是他自己的独立的所有权。[1] 此时，从保护集体经济组织财产利益的角度出发，因借贷行为并未反映集体经济组织成员的共同意志，集体经济组织不应作为还款主体。同时，在成立越权借贷的情形下，因村民委员会并不拥有自己的财产，没有承担民事责任的相应能力。[2] 村民委员会只能作为还款责任的过渡性形式主体，本身不能承担实体还款责任，承担责任的只能是实际从事借贷行为的、有过错的村干部个人。

2. 村民委员会借贷经集体经济组织授权后的二元主体构造

当村民委员会的借贷行为经过村民自治决议授权后，形成“诉讼主体—实体主体”的二元主体构造。村民委员会虽然可以被告的诉讼主体身份代表集体经济组织参与借贷合同纠纷案件的诉讼，但其仅是所有权代表行使主体而非所有权归属主体。有学者恰当地指出，村民委员会不应拥有独立于村集体或县财政的财产所有权才符合逻辑，否则它的成员就可以对这些财产任意支配。另外，村民委员会的责任更不会是独立责任，因为它作为村民自治组织以村集体名义为全体村民提供公共服务，为此对外所欠债务当然只能以集体经济组织的财产承担责任。[3] 于此，村民委员会在借贷纠纷中的诉讼主体地位相当于诉讼担当人。所谓诉讼担当人，是指在某些特定类型案件中，非系争实体法律关系主体代替系争的实体权利关系主体而以自己名义作为诉讼当事人进行诉讼，但实体权利义务仍存在与

---

[1] 韩松：《农民集体所有权主体的明确性探析》，载《政法论坛》2010年第1期，第110页。

[2] 黄彩丽：《村委会法律主体资格辨析》，载《云南大学学报》2004年第4期，第59页。

[3] 刘忠平、刘云升：《村民委员会法人化之缺陷及其克服》，载《河北法学》2018年第6期，第114页。

系争的实体主体之下。[1] 因借贷事项属于村民自治决议范围，此时村民委员会的诉讼行为构成意定的诉讼担当，应当经过集体经济组织的授权。司法实践中，针对当前村民委员会以被告身份应诉，法院直接将其列为被告，将诉讼的实体权利判归村民委员会承担的情况，有学者建议，从诉讼法与实体法的结合角度，应当将村集体列为诉讼当事人原告，将村委会主任列为原告村集体的诉讼代表人，确保诉讼结果归属于村农民集体而非村委会。[2] 此种制度设计值得借鉴。

（三）法院应在村民委员会借贷合同案件中对村民自治决议进行主动审查

当前村民委员会民间借贷纠纷案件的审理中，多数对借贷行为是否经过村民自治决议不予审查。法院通常将其作为一般的民间借贷案件进行司法处理，适用《民法典》《民间借贷司法解释》，审查借据上的签字主体、盖章情况、出借人履行情况、款项实际去向等要素认定借贷关系的成立及借款主体。对于负责人的借贷如何认定为村民委员会的行为，通过适用法定代表、职务代理的有效性等规定进行处理。这种“不予审查”的裁判观点不足以应对村民委员会借贷合同纠纷案件的特殊性，未能有效重视这类案件中的双重归属责任，将村民委员会与集体经济组织视为一体，以诉讼中的代表主体代替实体的责任主体。

《村民委员会组织法》为村民委员会从事借贷行为设置了明确的法律限制，从而约束了其代表权限。于此，法院在认定借贷主体时，除对借贷关系的一般要件进行审查外，应当要求当事人出具借贷行为经过村民自治决议的证据。具言之，村民委员会负责人意欲抗辩借贷行为不应归于本人时，除提供加盖村民委员会公章的借据外，

---

[1] 雷斌：《诉讼担当人：业委会在诉讼中的法律地位》，载《现代物业》2007 年第 5 期，第 19 页。

[2] 韩松：《农民集体所有权和集体成员权益的侵权责任法适用》，载《国家检察官学院学报》2011 年第 2 期，第 132 页。

必须举证借贷已经过集体经济组织的决议。出借人亦应举证已经对是否经过决议履行了必要的审查义务，此种审查直接源于法律规定的注意义务。进一步地，在肯定出借人提供款项时负有审查义务之后，应当明确审查义务的标准。为了防止对相对人施加过于严苛的审查要求，降低交易成本，相对人的审查标准应当限于形式审查，即对决议是否符合法定形式进行审查，但不审查决议的真实性、有效性。

村民委员会借贷合同纠纷的审理中，代理、代表法律关系是否成立的要件判断仅能用于解决村干部的行为能否归为村民委员会，但无法企及还款责任主体能否视为集体经济组织这一层次。特别是《民法典》分别赋予村民委员会、集体经济组织以特别法人的主体地位后，村民委员会与集体经济组织之间的独立性和区隔性更为凸显，二者作为不同的民事主体具有区分的可能以及必要。村民自治决议是集体经济组织所有权实现的意思形成行为。不同于私人所有权，农民集体所有权是集体成员共同所有的所有权形态。其具有所有权主体的群体性、所有权行使意志的民主性、利益目的实现的集体公共性和对集体成员的普惠性、所有权客体的不可分性等特点。[1] 主体形成权能行使的意志，需要依赖村集体的决议行为，这是农民集体所有权的独特实现方式。纳入村集体决议的事项范围主要是处分集体财产的重要事项。根据2016年中共中央、国务院《关于稳步推进农村集体产权制度改革的意见》（中发〔2016〕37号）第2条的规定，资源性资产的处分、公共设施的供给和管护、集体经营性财产的经营管理及收益分配等均属农村集体所有权的行使和实现范畴，归为自治事项。决议行为是在集合团体成员个体意思表示基础上按照决议行为的特定程序而形成的团体意思。[2] 决议的过程是村集体的

---

[1] 韩松：《论农民集体土地所有权的管理权能》，载《中国法学》2016年第2期，第132页。

[2] 王雷：《〈民法总则〉中决议行为法律制度的力量与弱点》，载《当代法学》2018年第5期，第119页。

内部意思形成过程，决议结果是所有权人意志的落实和载体，是所有权人行使所有权的意思表示。借贷合同的履行表现为对集体经济组织财产的处分，是施于集体经济组织的财产性“负担”，从这一意义上，村民委员会借贷行为的实行应当经过村民自治决议程序的控制。

（四）将“代表权效果归属”作为审查村民自治决议的应然裁判进路

实践中，无论集体经济组织已进行法人化改造亦或保留集体成员不可分割的共同所有状态，无论村民委员会是否具有经济管理的代表权限，法律均为村民委员会的借贷行为设置了统一的控制规则，即借贷等处分集体经济组织资产的行为应当经过集体成员决议。也就是说，通过签名、公章等要件的审查，仅能初步确定借贷合同主体是村干部个人还是村民委员会，但因村民委员会的主体地位是法律上的代表主体而非责任承担主体，因此最终认定还款主体时仍离不开村民自治决议对借贷合同效力影响的进一步判断。

1. 违反村民自治决议的村民委员会借贷合同应定位于效力待定的合同

（1）违反村民自治决议构成效力待定的越权借贷行为。

村民委员会违反村民自治决议程序而代表集体经济组织签订借贷合同构成越权代表，应结合出借人是否构成善意对合同效果归属进行认定。根据《民法典》第61条的规定：“依照法律或者法人章程的规定，代表法人从事民事活动的负责人，为法人的法定代表人。法定代表人以法人名义从事的民事活动，其法律后果由法人承受。法人章程或者法人权力机构对法定代表人代表权的限制，不得对抗善意相对人。”越权代表行为的效力形态分以下两类：其一，基于代表的制度原理，原则上认可法定代表人代表法人对外签订合同是有效的代表行为，这包括有权代表和相对人为善意的表见代表两种情形。其二，若相对人主观上具有恶意，应类推越权代理的规定，将其解释为效力待定。[1] 在村民委员会借贷合同纠纷中，越权借贷行为的效力判断与相对人善意与否进行对接，当相对人善意时，成立表见代表，产生与有权代表相同的法律后果归属效果。越权代表的效力形态与相对人知道或者应当知道法定代表人越权的法律判断密切相关。

司法实践中，出借人善意的判定标准在于对村民自治决议履行必要的审查义务。结合公司法定代表人越权担保的司法审判实践，对于相对人是否负有审查义务及审查义务的限度，存在不同的裁判观点。其一，认定相对人对公司决议不负审查义务。例如，在“山西华晋纺织印染有限公司等与戴某合资、合作开发房地产合同纠纷上诉案”中，最高人民法院认为：“在判定公司行为效力时，应严格区分公司的对内关系与对外关系。公司法侧重调整公司内部关系，但公司作为商事主体，在商事交易过程中亦应受合同法和担保法等法律的调整。公司是否召开股东会或股东大会，属于公司对内的程序性规定，与公司交易的第三人不应受该内部程序性规定的约束。对是否存在股东会或者股东大会决议，公司以外的第三人不应负有审查义务，否则将严重影响交易安全。因此，公司对外提供担保是否经股东会或者股东大会决议，不影响担保合同效力。”[2] 此种观点严格坚持内外部法律关系相区隔的进路，将决议规定视为民事主体的内部控制程序，否定对外部交易相对人的约束力。钱玉林指出，公司法有关公司担保的规定旨在约束公司的股东和管理层，而不是约束公司之外的合同相对人，并不能为相对人的审查义务提供法律基础；如将这些程序性规定解释为相对人承担审查义务的法律基础，不仅超越了公司法相关条文可能的文义，不适当地扩大其效力范围，

[1] 朱广新：《法定代表人的越权代表行为》，载《中外法学》2012年第3期，第490页。

[2] 参见最高人民法院（2015）民一终字第72号民事判决书。

而且违背了相关规范的意旨。[1] 其二，认定相对人负审查义务，但限于形式审查。在“招商银行股份有限公司大连东港支行与大连振邦氟涂料股份有限公司、大连振邦集团有限公司借款合同纠纷再审案”中，最高人民法院认为：担保债权人基于对担保人法定代表人身份、公司法人印章真实性的信赖，基于担保人提供的股东会担保决议盖有担保人公司真实印章的事实，完全有理由相信该《股东会担保决议》的真实性，无须也不可能进一步鉴别担保人提供的《股东会担保决议》的真伪。因此，招行东港支行在接受作为非上市公司的振邦股份公司为其股东提供担保过程中，已尽到合理的审查义务，主观上构成善意。本案周建良的行为构成表见代表，振邦股份公司对案涉保证合同应承担担保责任。[2]

（2）出借人善意的判定主要基于对于村民自治决议履行必要的审查义务。

在越权代表的情形下，根据代表权权限限制的不同来源，对于相对人善意的判断标准应当区别对待。《村民委员会组织法》第24条规定了两种村民委员会代表权的限制方式：该条第1款明确列举的前8项决议事项，属于对代表权的法定限制，即法律明确规定这些事项的办理必须经过村民自治决议；第9项“村民会议认为应当由村民会议讨论决定的涉及村民利益的其他事项”概括性地赋予了村民会议将其他事项纳入意定限制的权利。其中，以借贷行为处分村集体财产的行为应当经村民会议讨论决定，在村民会议授权的情况下，由村民代表会议讨论决定，从而对村委会的借贷权利构成限制和约束。此外，《村民委员会组织法》对村民委员会借贷行为的决策程序进行规定，从组织法的角度，属于集体经济组织所有权行使的意思形成机制，以保障村民自治的实现，落实集体经济组织的所

[1] 钱玉林：《公司担保中债权人“善意”的认定》，载《扬州大学学报》2013年第5期，第30页。

[2] 参见最高人民法院（2012）民提字第156号民事判决书。

有权主体地位。与公司担保行为类似，一旦这种决策程序由公司内部要求提升为公司法上的要求时，其效力范围就发生了改变，法律具有普遍适用的效力。[1] 在司法实践中，已经存在“代表权法定限制衍生相对人审查义务”的裁判观点。[2] 于此，与公司担保中法定代表人代表权的法定限制类似，集体经济组织借贷中村民委员会的代表权亦应在法定范围内行使，相对人在与村民委员会签订借贷合同时，应当受到既有法律规定的约束，对决议的审查来源于法定注意义务。换言之，根据《民法典》第504条的规定，在法律剥夺了村民委员会借贷行为的决策权、仅赋予其执行权的情形下，相对人必须通过举证见到了村民会议或村民代表会议关于借贷的决议，否则难以完成其不属于“知道或者应当知道代表人超越权限”的举证要求。

（3）出借人的审查义务应限于对借贷行为是否经过村民自治决议进行形式审查。

在肯定出借人负审查义务的基础上，对于审查义务的范围和程度，应限于形式审查。实质审查侧重对决议的真实性、合法性、有效性的审查，与实质审查相对，形式审查是相对人对内部文件是否齐全、是否符合法定形式进行审查。这里要判断的不是决议本身是否有效，而是第三人对村民委员会越权借贷是否属于“知道或者应当知道”。实质审查标准对相对人施加的审查义务过于严苛，若采此标准，相对人因承担过高的审查成本而可能拒绝提供资金。

对于形式审查的事项范围，司法实践中有宽严之别。村民委员会兼具经营管理集体资产和村集体公共事务管理的职能，考虑村委会越权代表时，更应注重保护村民民主决议程序，对交易相对人苛以更严格的注意义务。[3] 在相对人与村民委员会签订借贷合同时，相

[1] 梁上上：《公司担保合同的相对人审查义务》，载《法学》2013年第3期，第29页。

[2] 参见最高人民法院（2014）民申字第1876号民事裁定书。

[3] 魏昀：《村集体资产租赁合同效力探究——基于107份裁判文书的考察》，载《海峡法学》2018年第4期，第79页。

对人的审查事项至少应当包括：第一，决议是否已经成立。导致决议不成立的程序瑕疵包括根本无召集、表决程序，或虽曾召开会议，但由无召集权者召集、出席人数不足法定要求、表决未达法定比例要求。[1] 相对人在对决议结果进行形式审查时，应当对这些涉及决议成立与否的事项进行形式审查。第二，对决议名单上的村民姓名进行个别核对。第三，借贷不同于担保，担保合同中的相对人是给付资金的受领方，借贷合同中的相对人作为出借人负有向借款人提供借款的义务，由此决定其对于合同履行中的款项去向亦应尽合理的审慎注意。

2. 当村民委员会借贷合同的履行结果符合集体经济组织利益时合同应有效

当村民委员会的借贷行为未经村民自治决议并且相对人对该情形的认知难以成立善意时，应当根据借贷合同的履行是否有损集体经济组织利益对还款主体进行判断。当借款用于实现集体经济组织利益时，认定集体经济组织为还款主体维护了借贷合同给付的公平性，有利于实现合同双方主体的利益均衡保护。出借人难以认定为善意的情况包括：明知借贷合同的订立未经过村民议定程序、在订立合同时未对是否经过决议进行审查以及村民委员会提供的决议未形成足以让出借人相信该合同经过决议的外观。当村民委员会签订的借贷合同虽未经过决议程序，但借入款项或担保行为实际用于集体经济组织利益的提升时，不宜简单地否定借贷合同对集体经济组织的约束力。这一观点在《民间借贷司法解释》第23条第2款中已有所体现，当借款用于集体经济组织时，表明集体经济组织实际参与了合同的履行，构成事实上的合同当事人。此外，这也符合2019年最高人民法院《全国法院民商事审判工作会议纪要》（法〔2019〕254号）提出的“注重财产的实质归属”的审判方向。

---

[1] 徐银波：《决议行为效力规则之构造》，载《法学研究》2015年第4期，第180页。

2019年的纪要对于权利外观与真实权利状态之间的关系进行了明确定位："从现行法律规则看，外观主义是为保护交易安全设置的例外规定，一般适用于因合理信赖权利外观或意思表示外观的交易行为。实际权利人与名义权利人的关系，应注重财产的实质归属，而不单纯地取决于公示外观。总之，审判实务中要准确把握外观主义的适用边界，避免泛化和滥用。"具体到村民委员会借贷纠纷案件的审理，其要求是，当相对人明知或应知村民委员会实施的借贷没有经过村民自治决议的内部程序控制时，应当结合款项是否实际用于集体经济组织事务、是否有利于维护和提升集体利益，通过重现款项利用中的真实权利义务关系，弥合外观判断的缺陷和利益失衡局面。

在当前涉村民委员会的民事合同纠纷中，已有少数判决通过判定村干部以村民委员会名义实施的民事法律行为是否有损集体经济组织利益，来确定真实的合同主体。例如，在"原告卢某诉被告新民市姚堡乡北王岗子村民委员会餐饮服务合同纠纷"中，2012年12月9日，被告新民市姚堡乡北王岗子村民委员会为原告出具欠据："欠北安饭店（卢某饭费款）人民币35，349.00元，欠款人北王岗村，加盖新民市姚堡乡北王岗子村民委员印章，经手人孙某华。"法院认定：从欠据内容可以看出，该笔欠款是被告新民市姚堡乡北王岗子村民委员会的招待费。被告新民市姚堡乡北王岗子村民委员会为原告出具欠据的行为是民事法律行为，是其在接受餐饮服务后给付欠款的承诺，该承诺是处分村集体财产的行为，未经村民会议讨论决定，不仅违反法律，也侵犯了村民利益，被告新民市姚堡乡北王岗子村民委员会为原告出具欠据的行为无效，没有法律约束力……不应当由被告新民市姚堡乡北王岗子村民委员会支付，应当由实际接受餐饮服务的被告新民市姚堡乡北王岗子村民委员会成员个人支付。[1] 在"原告新民市卢家屯乡付家烧锅村第一村民小组诉被告新民市卢家屯乡付家烧锅村民委员会、王某海确认合同无效

[1] 参见辽宁省新民市法院（2016）辽0181民初5314号民事判决书。

纠纷一案”中，2010 年 10 月 5 日，为了清欠化债，减轻群重负担，经村委会代表会研究决定，新民市卢家屯乡付家烧锅村民委员会将机动地西洼子从东往西 65 亩发包给王某海。承包期 18 年，从 2010 年至 2027 年年末到期。单价每亩人民币 52 元，合计人民币 60661.00 元。王某海已支付承包费人民币 60661.00 元。法院认定：目前，我国很多地区农村村民委员会基本没有经济来源，村民委员会进行的新农村建设及公益事业等村集体事务筹集资金的方式比较简单，基本都是发包村里的土地或转让村里的林地使用权或林木所有权等。2010 年 10 月 5 日，为了清欠化债，减轻群重负担，经村委会代表会研究决定，新民市卢家屯乡付家烧锅村民委员会将西洼子机动地从东往西 65 亩发包给王某海，发包筹集的资金用于偿还发展农业生产等所欠的村级债务，也是为村民集体利益。该合同的签订不违反法律效力强制性规定，该合同合法有效，被告王金海不应返还承包的土地。[1] 该判决中，法院首先将承包行为应当经过村民自治决议的法律规定定位为管理性规范，在裁判中排除了决议对土地承包合同效力的影响，进而通过发包行为产生的财产利益是否用于集体经济组织，作为认定承包合同是否有效的实质依据。

上述裁判均体现了依据“承租人的履行利益”“村委会有违诚实信用原则”等利益平衡要素对违反决议的合同效力状态进行最终判断的进路选择。为了补救单纯依据决议规定对合同效力归属进行认定有失公平的缺陷，在相对人明知村民委员会借贷违反村民自治决议的情况下，还需要进一步针对合同的履行是否有助于村集体利益的实现进行具体审查。

五、结　语

2018 年最高人民法院发布的《关于为实施乡村振兴战略提供司

---

[1] 参见辽宁省新民市人民法院（2016）辽 0181 民初 1519 号民事判决书。

法服务和保障的意见》提出“引导社会资金流向乡村，补齐乡村发展面临的资金短板”。本调研的研究结论主张，公平维护集体经济组织在借贷合同中的合法权益，统一司法裁判尺度。这必将为乡村振兴的农村集体财产权保护提供有力的司法保障，为乡村发展的资金安全提供有效的法律对策。

Game Research to Judicial Problems of Loan Dispute of Villagers' Committee in Liaoning Province

Guo Jie

Abstracts: Through the typical case retrieval and investigation, the following main problems exist in the judicial trial of the loan contract disputes of the villagers' committee in Liaoning Province.

First of all, the discretion standards for the identification of the subject of the loan contract by the villagers committee are diversified and contradictory. Secondly, the status of the villagers' committee and its definition basis are vague. Thirdly, it is authorized with the resolution of villagers' autonomy that whether the court should examine the lending behavior of the villagers' committee, which has many different points in judicial practice. Last, there is no unified way for the decision of villagers' autonomy resolution to restrict the loan contract of villagers' committee.

In order to solve the judicial problems effectively, this report will put four legislative suggestions. Firstly, we should strictly set up the identification standard for the subject of the contract in the judicial choice, and take the signature of the person in charge of the villagers' committee and the official seal of the villagers' committee as the legal requirements for the identification of the main body of the loan contract. When there is only the signature of village cadres other than the village director on the IOU, this kind of subject should be regarded as the "agent" of the lending behavior of the village committee. Besides, the "agreed use" and "recorded in the accounts of the village committee" should be combined to examine and comprehensively determine the borrowing subject. The second is to make clear that the subject of the villagers' committee which is the subject of civil litigation and not the ultimate subject of responsibility. Only the individual village cadres or collective economic organizations who are actually engaged in the lending behavior and have faults can bear the responsibility. Thirdly, the court should take the initiative to review the resolution of villagers' self - government when determining the lending subject. The fourth is to follow the approach that the ownership of representative effect, and to define the loan contract signed by the villagers Committee which is on behalf of the collective economic organization in violation of the resolution procedure of villagers' autonomy as the contract with undetermined effect, and determine the ownership of contract effect according to whether the lender constitutes is good intentions.

In addition, when the villagers 'committee's lending behavior has not been decided by the villagers' autonomy and the relative person's cognition of the situation is difficult to identify whether it is well - meaning, the repayment subject should be judging according to whether the performance of the loan contract will damage the interests of the collective economic organization, so as to realize the balanced protection of the interests of both parties to the contract.

Key Words: loan dispute of villagers' committee; subject of the contract; villagers' autonomy resolution; compulsory provisions of validity; ownership of representation

比特币法律属性的界定

李岩[*]　王志文[**]

内容摘要：在我国禁止比特币融资的背景下，比特币的法律属性不清是引发纠纷的根源。比特币的法律属性究竟是物、货币、虚拟商品还是债权，法院对此观点不一，学界亦无定论。比特币具有债权属性的观点无法回答何为请求权所行使的对象，且同我国司法实践的需求不相匹配。比特币应属物的观点与现有理论和立法规定相冲突，且其以支配权作为定义物之标准存在一定的逻辑漏洞。至于比特币应属货币的观点，一方面比特币并不具备充当交换媒介之一般等价物的条件，另一方面认定比特币属于货币会对我国现行的货币理论构成挑战，进而会造成我国金融秩序的不稳定。在既有的财产权体系无法给予具有财产价值的比特币周延保护的情况下，比特币的特点证成了其法律属性应被界定为虚拟财产，这一点也得到了我国司法实践的默认。比特币作为虚拟财产的制度构建主要应由

[*] 李岩，辽宁大学法学院教授，博士生导师，研究方向：民法学、知识产权法学。

[**] 王志文，辽宁大学法学院硕士研究生，研究方向：民法学。

比特币的归属、比特币的移转以及涉比特币纠纷的侵权救济责任等内容构成。

关键词： 比特币　法律属性　虚拟财产

比特币（Bitcoin）作为一种基于区块链技术、利用复杂特定的算法、通过大量计算产生的虚拟货币,[1] 因其特有的“去中心化”、原则上难以回复、交易匿名性等特点,[2] 在互联网金融迅速发展的当下，已然在某些国家[3]成为了一种新兴的投资和支付手段。但在比特币为大多投资者趋之若鹜时，因其对传统货币体系和既有金融秩序的冲击，而受到各国政府的极大关注和重视。作为目前世界第二大经济体的我国，就曾分别于 2013 年 12 月 5 日和 2017 年 9 月 4 日，发表《关于防范比特币风险的通知》（下文简称《通知》）和《关于防范代币发行融资风险的公告》（下文简称（公告）），明确比特币因不具有法偿性与强制性等货币属性而仅能作为一种特定的虚拟商品，不具有与货币等同的法律地位以及禁止本质上为“未经批准非法公开融资”的代币发行融资活动（ICO）。

尽管如此，由于上述文件未对“虚拟商品”做进一步明确规定，导致我国司法实践在解决比特币法律性质时出现认定不一的现象。鉴于此，我国学界纷纷为比特币法律属性谏言，提出比特币为债权、物或者货币等不同观点。笔者将学界观点与我国裁判结论相比较，发现部分学术观点存在着或过于强调别国理论与规制经验而忽略我国国情，或过于注重理论价值而忽视其实践意义等问题。从我国司

[1] 除了比特币（Bitcoin）之外，基于区块链技术、利用复杂特定的算法、通过大量计算产生的虚拟货币还包括莱特币（Litecoin）、以太坊（Ethereum）、红币（Redcoin）、天空币（Skycoin）等。由于各种虚拟货币的技术机制和法律制度评价体系呈相似且稳定状态，故基于论述的便捷，比特币与其他虚拟货币作同一理解。

[2] 罗勇：《论数字货币的私法性质——以日本 Bitcoin. Café 数字货币交易所破产案为中心》，载《重庆大学学报（社会科学版）》2020 年第 2 期，第 153 页。

[3] 樊云慧：《比特币监管的国际比较及我国的策略》，载《法学杂志》2016 年第 10 期，第 116 – 123 页。

法实践出发，笔者认为有必要对案件进行类型化研究，在此基础上归纳整理我国理论界和实务界存在的各种相关学说，探讨比特币的法律属性。

一、比特币法律属性的争议

在我国禁止比特币融资的背景下，比特币的法律属性不清是司法实践中引发纠纷的根源。

比特币的法律属性究竟是物、货币、虚拟商品还是仅为表彰持有人债权的电磁记录，法院对此有不同意见，学术界也尚无定论。

（一）司法实务界对比特币法律属性的不同观点[1]

在具体介绍我国司法判例的观点之前，笔者拟先指出当前我国部分法院存在的对比特币合法性认知的误区，即拒绝承认比特币为合法的交易对象。以笔者检索的案件为例，发现有约62%的法院曾作出类似判决。[2] 裁判理由包括“因比特币不能作为货币在市场上流通而直接认定其应属禁止流通物”[3] 以及“视比特币之流转为代币融资行为，因涉嫌违法犯罪而不予承认合法性”。[4] 认定比特币不具有合法性，实际上是部分法院对《通知》的内容发生错误理解的结果。从文义解释的角度来看，我国现有文件之内容主要为：（1）因比特币不具有法偿性与强制性而禁止其作为货币在市场上流

[1] 由于本文拟在探讨比特币的法律属性，因此部分法院判定比特币属于不合法物品、不受法律保护的结论在此便不予讨论。

[2] 在笔者检索的208份案例中，有128份裁判结论认定比特币不具有合法性，有80份则认定其合法。而在80份认定比特币具有合法性的裁判结论中，有77份裁判文书认定比特币应为虚拟商品，其余裁判结论则分别认定比特币为民事利益、特殊的物以及特定领域可以流通的货币。

[3] 参见王某珍诉刘某红等合同纠纷一审民事判决书（2019）鲁0104民初814号，中国裁判文书网。

[4] 参见陈某龙诉张某、刘某委托合同纠纷二审民事判决书（2019）吉24民终1325号，中国裁判文书网。

通；（2）承认比特币具有财产属性，进而认可其为合法的交易对象并加以保护。因此，当前我国并未禁止比特币私人持有和交易，探讨其法律属性仍有现实的需要。

1. 认为比特币性质上是一种民事利益的观点[1]

在冯某然与北京乐酷达网络科技有限公司合同纠纷一案中，法院首先根据物权法定原则，认为我国现行法律没有将比特币等网络虚拟财产规定为物权法上的“物”，所以原告无法按照所有权的法律规定（如孳息）而要求被告交付比特币“分叉”所产生的比特币现金。其次，法院从保护投资者交易信心的角度出发，认为比特币的交易现实存在，持有者希望借此获取利益，在网络环境下的商品交换过程中，比特币的价值取决于市场对比特币充当交易媒介的信心，进而判定比特币属于合同法上的交易对象，系应当受到法律保护的“民事利益”。对于将比特币法律属性界定为“民事利益”的观点，笔者认为，虽然其肯定了比特币具有财产价值，应当受到法律保护，但“民事利益”作为一个概括性的客体概念，无法或难以回答涉比特币纠纷发生时比特币的移转规则和侵权救济赔偿方式等问题，因此比特币法律属性仍有待进一步厘清。

2. 认为比特币性质上是一种虚拟商品的观点[2]

就笔者检索的案例而言，虽然目前对于何谓“虚拟商品”，我国学界以及法院均未给出一个明确的定义，但绝大部分法院在作出裁决时摘抄了《通知》和《公告》文件中的相关内容，采纳了比特币应属虚拟商品的见解。对于该类裁判结论，笔者拟在下文对其作进一步阐述。

---

[1] 参见冯某然与北京乐酷达网络科技有限公司合同纠纷一审民事判决书（2018）京0108民初24805号，中国裁判文书网。

[2] 参见闫某东等诉李某艳等财产损害赔偿纠纷二审民事判决（2019）沪01民终13689号，中国裁判文书网。

3. 认为比特币性质上是一种特殊的物的观点[1]

在王某华诉陈某辉买卖合同纠纷一案中，法院便将比特币自身属性判读为特殊的物，认为现有《通知》和《公告》只是禁止比特币作为货币流通使用，但对比特币作为特殊商品的物的持有、使用和流转并未禁止。但为何将比特币归属于物之范畴，法院对此并未着墨。笔者猜测，这或许是法官吸收当前学界相关讨论成果之表现，但可能囿于笔者在下文中提到的学说争议而有意在裁判文书中不进行详细的阐述。

4. 认为比特币性质上是一种特殊领域的流通货币的观点[2]

在陈某万诉王某芬委托合同纠纷一案中，法院即将比特币判定为特定领域可以流通的货币，认为"网络数码（或电子）虚拟货币虽然不是货币当局发行，但其在特定领域（投资领域）是可以流通使用"的。

综上，在比特币因具有投资属性而使其"财产"价值尤为显著的前提下，比特币法律属性判读不一体现了法官的自由裁量权会随着规则不确定性程度的增加而呈现扩张趋势。也正因为此，比特币的法律属性在我国裁判观点中亟待统一。

（二）学界对比特币法律属性的不同观点

学界关于比特币法律属性界定观点不一，主要包括债权、物以及货币等观点。

1. 认为比特币具有债权属性的观点

对于比特币所具有的债权性质，学者间亦存在着不同的观点。有学者参考日本法院的相关司法判例及学说，认为比特币得具有类

---

[1] 参见王某华诉陈某辉买卖合同纠纷一审民事判决书（2019）赣0922民初2287号，中国裁判文书网。

[2] 参见陈某万诉王某芬委托合同纠纷一审民事判决书（2020）云2301民初1300号，中国裁判文书网。

似金钱债权的性质。[1] 其立论于法定货币的相关理论，指出比特币间的交易并未摆脱传统的以硬币和纸币作为媒介物使用从而实现价值转移所遵守的“占有即所有”之规则。是故，纵然比特币交易方式存在着特殊性（通过对区块链的记录而对比特币交易账户的余额实施事实上的占有），[2] 但仍可以借此类比金钱债权而将其纳入债权之范畴。亦有观点认为，比特币之所以具有债权属性，是因为比特币的持有者可基于代码协议所产生的合同关系，按照预先设置的代码式规则进行持有与处分，进而享有比特币所表彰的支付价值。[3] 除上述观点外，尚有学者从民法物债二分原则出发，强调比特币在不符合传统民法对物之定义（主要体现在比特币不具有有体性）的前提下，由于比特币持有人享有的权利内容为“可将他人承认之持有单位数向其他参加者移转之权利”，且该持有单位数须他人承认方有正当性，因此比特币持有者所享有的权利仅具有对人性，故应属债权。[4]

2. 认为比特币应属物的观点

对于比特币是否应属物，我国有相当多的学者对此持支持态度，论述则主要集中在对传统民法物之定义的修正方面，指出传统民法对物须为有体物这一特征的论述实非必须，所有权归属是否变动的关键在于物权享有者是否具备对物的支配管领力。[5] 也有观点从物债二分角度出发，通过采取排除法，在试图论证债权说以及知识产权

---

[1] 罗勇：《论数字货币的私法性质——以日本 Bitcoin. Café 数字货币交易所破产案为中心》，载《重庆大学学报（社会科学版）》2020 年第 2 期，第 160 页。

[2] 罗勇：《论数字货币的私法性质——以日本 Bitcoin. Café 数字货币交易所破产案为中心》，载《重庆大学学报（社会科学版）》2020 年第 2 期，第 160 页。

[3] 李敏：《数字货币的属性界定——法律和会计交叉研究的视角》，载《法学评论》2021 年第 2 期，第 119 页。

[4] 李敏：《数字货币的属性界定——法律和会计交叉研究的视角》，载《法学评论》2021 年第 2 期，第 113 - 114 页。

[5] 赵磊：《数字货币的私法意义——从东京地方裁判所 2014 年（ワ）第 33320 号判决谈起》，载《北京理工大学学报（社会科学版）》2020 年第 6 期，第 117 页。

说弊端的基础上，倒推比特币具有物权属性。[1]

3. 认为比特币应属货币的观点

比特币应属货币之观点在世界各国比特币法律属性认定中均占有举足轻重的地位。比特币以Coin为名，且依照中本聪的论文《比特币：一种点对点式的电子现金系统》（Bitcoin：A Peer－to－Peer Electronic Cash System）之构想，其最初设计的目的是要取代原有的传统货币，再加之现实生活中有不少消费者将比特币视为一种新兴的互联网支付工具，故比特币被当然认为具有货币的性质。而德国和日本也系该学说的主要支持者：德国于2013年率先以立法的形式承认比特币为合法货币；日本也于2017年通过修改《日本支付服务法案》，将比特币视为类货币的一种支付工具。这种认定趋势反映在我国学者观点上则体现为：有学者从货币的信用本质出发，认为数字货币依赖区块链技术完成了去中心化的货币信用构建，建议可以先确定其为准货币的法律属性，在时机成熟时再确认其货币的法律地位。[2] 有学者从“货币认同”的视角分析，认为只要当事人明确表示认可比特币的货币地位，就可以将其视为货币。[3] 也有学者从数字货币的经济功能出发，认可其作为私人货币的地位，但从风险防控的角度，强调应对非主权数字货币的发行结构和质量进行监管。[4]

二、比特币法律属性的界定：虚拟财产

法院和学界关于比特币法律属性的界定观点不一，存在包括债权、

---

[1] 赵磊：《数字货币的私法意义——从东京地方裁判所2014年（ワ）第33320号判决谈起》，载《北京理工大学学报（社会科学版）》2020年第6期，第115－116页。

[2] 杨延超：《论数字货币的法律属性》，载《中国社会科学》2020年第1期，第100页。

[3] 赵磊：《论比特币的法律属性——从HashFast管理人诉Marc Lowe案谈起》，载《法学》2018年第4期，第160－161页。

[4] 李敏：《数字货币的属性界定——法律和会计交叉研究的视角》，载《法学评论》2021年第2期，第113页。

物、货币以及虚拟商品等观点。但前三种观点因理论或实际上的困境，故难以将其作为比特币法律属性之正解，以下将进行论证。

（一）比特币债权属性的反驳：请求权行使的对象难以明晰

1. 比特币的债权属性指比特币所表彰的权益内容

一般我们在强调比特币法律属性时，往往指称的是比特币自身的私法性质（本文即持相同观点）。但类似于现实中钞票、提单、票据等在内的各种凭证，在定性时，凭证虽然本身作为一项动产，但其所表彰的内容却需要具体情况具体分析，可能是债权（如票据），也可能是物权（如提单）。比特币本身是应用分布式账本技术、密码学技术等的电磁记录，但其表彰的内容却包罗万象，可能是“货币认同”群体内的支付请求权，可能是兑换为所锚定的一揽子法币的请求权，也可能是对中央银行的偿债请求权。[1] 从此角度看，比特币具有债权属性指比特币所表彰的权益内容。

2. 比特币具有债权属性却无法回答何为请求权行使的对象

比特币具有债权属性却无法解释持有人可得向谁主张请求权，这一直被持有其他观点的学者所诟病。而该问题是由比特币具有去中心化的特点所决定的，即比特币具备的去中心化结构导致发行人与债务人缺失，以至于持有人无法对特定人主张债权。由于已有多位学者对该问题进行过质疑，在此便不与赘述。

3. 比特币具有债权属性与我国司法实践之现实需求不相匹配

即便按照部分学者所解释的将比特币理解为基于其代码协议所发生的合同行为关系。但从笔者所检索到的案例来看，在我国禁止

---

[1] 李敏：《数字货币的属性界定——法律和会计交叉研究的视角》，载《法学评论》2021 年第 2 期，第 118 页。

比特币作为货币流通的前提下，涉比特币纠纷的类别主要为债之法律关系纠纷（合同纠纷、无因管理与不当得利）。也即，一般情况下比特币仅仅作为一种债之标的，对于当事人之间所发生的纠纷完全可以通过《民法典》合同编的相关规定进行处理。此种情况下，强调比特币具有债权属性在我国当下并不具有实际可行的意义（尽管或许在理论上有一定探讨的价值）。另外，在涉及非债权债务法律关系纠纷时，例如请求返还原物，强调比特币具有债权属性亦无法为法院提供解决问题的路径，因为此时法院会更加关注比特币自身的私法性质究竟为何。因此，强调比特币具有债权属性并不能妥当地贴切我国司法实践。

（二）比特币物权属性的反驳：物化思维的逻辑缺陷

比特币作为应用分布式账本技术、密码学技术等表彰价值的数字工具，本质上为电脑上的电磁记录。就电磁记录的法律属性而言，通过论证有体性的时代局限以及对物具有事实管领力的核心地位以实现对物之特征的重塑，进而得出比特币应属于物的方法，存在着一定的商榷空间。

1. 试图以存在支配权作为定义物之标准存在一定的逻辑漏洞

以支配权与物权的关系而言，首先，支配权的概念产生于对物权，但潘德克顿体系的发展则让支配权与物权得以分离，使得支配权和物权一样成为描述权利不同标准的两个概念；[1] 其次，支配权的权利构造模式主要体现为“主体控制支配客体”。将该模式同现有权利进行比照，我们可以发现支配权的客体除物权外，尚包括人格权、知识产权。因此，即使虚拟财产（比特币）的持有者对比特币拥有最终控制及决定其命运的核心特征，但也只能证明依附于虚拟财产

[1] 李岩：《虚拟财产权的证立与体系安排——兼评〈民法总则〉第127条》，载《法学》2017年第9期，第148页。

之上的权利是支配权，但不能从逻辑上得出其应属物权的结论。[1]

2. 承认比特币应属物将与现有理论和立法规定相冲突

大部分学者受“虚拟财产”中“财产”一词的误导，直接将虚拟财产定性为财产权的客体并将其置于“物债二分”的财产权体系之下，这一研究进路存在较为严重的物法思维。[2] 比特币及其他虚拟货币均非现实生活中具有物质载体的法定货币，仅仅是一条或多条电磁记录。若将其定性为“物”，会受限于“物权的种类和内容，由法律规定”的物权法定原则。即便退一步承认虚拟财产可作为物权客体，由于虚拟财产具有可重复复制及转换形式之可能，加之现行民法难以承认动产物权包含复制权，在面对特定物权标的时，若将其定性为“物”，首先会与物权法定原则相冲突；其次，由于虚拟财产存在被大量复制的风险以致在认定中难以特定化，因而承认比特币应属物的观点，无论从理论还是立法上都不适宜。

（三）比特币货币属性的反驳：背离我国国情

就我国而言，由于《通知》和《公告》的存在，虽然将比特币作为一种“货币”已然得到境外某些国家的立法承认，但在我国仍值得在学理及法律规范上探究其可能性和合理性。

1. 将比特币视为货币对我国现行的货币理论构成挑战

从20世纪盛行至今的国家货币理论认为，货币指的是国家法定货币，国家通过立法来规定其名称、种类及发行程序，并强制其在流通领域充当支付手段。[3] 换言之，我国当前所认可的货币要求其由国家中央银行发行并由国家进行信誉担保，特征是中心化及信用化。

---

[1] 李岩：《虚拟财产权的证立与体系安排——兼评〈民法总则〉第127条》，载《法学》2017年第9期，第148页。

[2] 瞿灵敏：《虚拟财产的概念共识与法律属性——兼论〈民法总则〉第127条的理解与适用》，载《东方法学》2017年第6期，第67页。

[3] 张庆麟：《论货币的法律概念及其法律属性》，载《经济法论丛》2003年第2期，第165页。

而比特币作为在互联网中以区块链为基础而形成的分散式账本，其“去中心化”的特征因完全背离国家货币理论的发展路径，决定了其最不可能与我国现行货币体系相容，并且相伴比特币“去中心化”特征而来的是比特币可以脱离央行货币政策而影响中国经济体系中的货币供应量，可能导致我国刑法规定的货币犯罪条款直接面临失灵或失控之风险。[1]

2. 比特币并不具备充当交换媒介之一般等价物的条件

如果我们把货币的概念从国家货币理论拓展到传统政治经济学上的充当交换媒介的一般等价物，是否具有法定性和强制性就不再是判断经济学意义的货币之属性依据。[2] 正如熊彼特在其《货币论》中所言：“货币的‘本质’并不在于其可发现的任何外在的形式，如一种商品、纸币或其他任何东西，而在于稳定地转移支撑经济交易的信用和债务。”[3] 此时，作为被普遍认可的记账符号的货币，其须具备两个条件：第一，它要作为一种记账符号存在；第二，它具有被普遍认可的效力。[4] 就我国当前的货币形势而言，比特币虽然作为一种“去中心化”的分布式账本或区块链，出现伊始就作为记账符号而存在，但除了极个别国家外，绝大多数的国家并没有对比特币赋予类似“法定货币”的国家认可并对其价值予以担保，[5] 而仅仅是将其纳入现有的监管体系，也即目前比特币并未能够在国家发行之外建构起普遍认可的效力，比特币并未完全具备传统政治经济学意义上充当交换媒介的一般等价物之条件。

---

[1] 谢杰、张建：《“去中心化”数字支付时代经济刑法的选择——基于比特币的法律与经济分析》，载《法学》2014年第8期，第89页。

[2] 李黎力、张红梅：《基于交易与基于债务的货币本质观之比较》，载《当代财经》2014年第10期，第58页。

[3] 杨延超：《论数字货币的法律属性》，载《中国社会科学》2020年第1期，第94页。

[4] 杨延超：《论数字货币的法律属性》，载《中国社会科学》2020年第1期，第94页。

[5] 樊云慧：《比特币监管的国际比较及我国的策略》，载《法学杂志》2016年第10期，第117页。

3. 认同比特币为货币会造成我国金融秩序的不稳定

首先，出于保障国家法定货币币值稳定的目的，国家一般会通过规范性法律文件来赋予货币强制流通的效力。相较而言，比特币目前没有类似的市场需求维持机制，尤其是“去中心化”的特征导致比特币交易市场中不存在特定的负责维持或开拓市场需求的人员或机构，因此比特币市场需求可能会由于各国主管部门加强监管而大幅萎缩，导致比特币的市场需求高度不稳定，币值也会随之大幅涨跌。[1] 其次，比特币币值极易涨跌对于交易秩序的稳定亦存在一定的负面影响。比特币币值极度不稳定性的背后反映了比特币价格因缺少国家等第三方的信用背书而完全依赖于参与者的心理预期与投资信心。倘若其币值高度波动，比特币之当事人极可能会面临巨大的财富风险。

4. 我国司法实践中的“特殊领域的流通货币”非此“货币”

法院认定比特币属于“特定领域可以流通的货币”，其意图并非是将比特币作为真正的货币，而是仅仅将比特币作为一种具有投资功能的“物品”(在此“物品”仅作为概念性描述，非其私法性质之表达)，只不过因为比特币是以“货币”的形态而存在，故称之为“在特定领域可以流通的货币”。换言之，我国司法实务中存在的所谓“货币说”仅仅是以货币为名，而实质上仍是强调比特币具有财产属性。也即作出该裁判的法院仍是坚持了《通知》中比特币因不具有法偿性与强制性而不能作为真正的货币在市场上流通使用的观点。

（四）比特币应为虚拟财产：理论与实践的双重视角

由于前述观点仍或多或少在存在着一些难以自圆其说的问题，

[1] 杨岳平：《论虚拟通货之法律定性——以民事法与金融法为中心》，载《月旦法学杂志》2020 年第 301 期，第 58 页。

无法为我国司法实践提供一个可供参考的答案，笔者认为，不妨以我国《民法典》总则编第127条❶为解释基础，结合当前我国现有文件之规定以及裁判实际，尝试地将比特币作为一项独立的虚拟财产加以对待。

1. 比特币具有财产价值理应得民法之保护

当前多数参与者购买比特币往往是出自投资或储蓄的目的，也即多数人默认比特币如同黄金一般，具有投资属性的商品，而这种观点也得到了我国部分法院的支持。

首先，要获得比特币，就需要投入大量的金钱、物力，用于购置与维护所谓的"挖矿机"以及就"挖矿机"所耗的电力予以支付对价，同时也需要消耗大量的时间资源。因此，比特币的获得凝结了人类抽象的劳动，比特币自身具有价值性。其次，比特币具有稀缺性。所谓稀缺性是指某种事物的存在是有限的，如果某物无限量存在它就没有了财富价值，不能成为财产。稀缺性的来源不仅仅指自然资源的有限性，而且还包括法律法规的设定、技术上的天然边界。作为以网络分布式数据库验证交易且以预定速率增加并且增速逐渐放缓直至数量恒定为21000万枚的比特币，其稀缺性激励网络用户利用计算机硬件作为"矿机"进行数学运算，借此通过运算工作量的证明来使用户获取发行的比特币，与此同时也极大地提高了比特币系统的安全性。最后，比特币具有可转让性。比特币若想具备财产属性，价值性是前提条件，稀缺性是必要条件，可转让性是关键。正是因为财产具有稀缺性，故而人们认识到了它价值，而能够在市场中进行流转，才使财产的法律地位最终得以确立。由于比特币具有可流转性已无疑义，在此笔者便不再赘述。

2. 既有的财产权体系无法给予比特币周延的保护

在明确虚拟财产的财产属性后，部分学者对如何规制比特币提

---

❶ 《中华人民共和国民法典》第127条："法律对数据、网络虚拟财产的保护有规定的，依照其规定。"

出前文中提到的各类观点，而其中又以类比有体物进行保护的物化思维占据着主流地位，这一点也在《中华人民共和国民法典·民法总则专家建议稿（提交稿）》第108条中得到体现。[1] 但正如前文中笔者所做的批判，这种固守物债二元财产权体系的做法无法满足民法开放性体系的要求，叠架屋式的理论还严重破坏了传统的民法思维体系。正如苏永钦教授所言："民法条文不仅在概念上抽离于具体社会的物质条件与精神状态，而且还要使这些抽象条文一旦适用于具体社会时，能和社会其他部分的运作不至扞格。"在比特币等虚拟财产层出不穷的情况下，愈发表明我国现行的以"物债二分"为基础构建的财产法体系并非是一个周延的财产权体系。

3. 比特币等虚拟财产的独特性证成了其民法的独立地位

如果说将虚拟财产权解释为物、债权等观点都面临难以解释的理论问题和法律适用障碍从而反面间接确认了虚拟财产的独立地位的话，[2] 那么比特币等虚拟财产所具备的基本特征则是其独立地位证成的内部保障因素。正如"民事权利对象的自然属性的差别决定了各自发生不同的法律关系"[3]，在前文中所阐释的比特币自身所具备的无体性、可支配性、去中心化、原则上难以回复、交易之匿名性等独有特征都完全可以支持其享有独立的民法地位。

4. 我国的司法实践已默许比特币作为虚拟财产存在

目前绝大多数法院认定"比特币应属于虚拟商品"，但虚拟商品是什么，除在《通知》中有所规定外，并未有其他法律文件对其做进一步的解释。但笔者认为，法院进行裁判时，如果遇到类似的立法空白，完全可以采取法律解释、漏洞填补、价值补充等方法寻求

---

[1] 转引自杨立新：《民法总则规定网络虚拟财产的含义及重要价值》，载《东方法学》2017年第3期，第67－68页。

[2] 李岩：《虚拟财产权的证立与体系安排——兼评〈民法总则〉第127条》，载《法学》2017年第9期，第151页。

[3] 刘春田：《知识财产权解析》，载《中国社会科学》2003年第4期，第206页。

现有法律之规定，以回应争议。具体到“虚拟商品”，倘若对其作进一步分析，我们可以发现“虚拟商品”无论指代的是对有形物质产品“模拟”的电磁记录数据还是包括网络游戏、数字产品及数字服务等在内的网络内容，亦或是客观上并不存在的但却能够满足人们的某种消费需求的所谓商品等，[1] 均彰显了一定的财产属性，也即从财产价值这一角度出发，“商品”完全被“财产”这一概念所替代。从该角度来看，我国司法实践早已默许了将比特币作为虚拟财产的存在。

综上，正如吴经熊先生曾言：“法学以及法律都是开放的。”[2] 在科学技术迅速发展、新生事物不断涌现的当代，出于回应信息时代和知识经济发展之要求，我们不妨正视虚拟财产权的特殊性以及虚拟经济蓬勃发展的现实，突破民法传统物权债权二分的体系逻辑，构建具有开放性的新兴财产权利，这是作为21世纪立法的中国民法典所必须面对的问题。

三、比特币作为虚拟财产的制度构建

在明确比特币的法律属性应为虚拟财产之后，由于我国目前并未针对虚拟财产制订相关规范，因此，笔者拟结合当前以及以后可能出现的问题构建相关制度规范，内容主要包括：（1）比特币归属主体的确定；（2）比特币移转规则的确定；（3）涉比特币纠纷之救济方式的确定。

---

[1] 吴洪、彭惠：《虚拟商品简论》，载《清华大学学报（哲学社会科学版）》2010年第3期，第155页。

[2] 吴经熊：《法律哲学研究》，清华大学出版社2005年版，第192页。

（一）比特币的归属

1. 比特币的原始取得

针对如何在虚拟财产的框架下实现比特币归属，在我国现行法律没有相关规定的情况下，笔者认为，比特币作为网络分散式账本，应遵循洛克的“劳动生产”理论，由网络上的“挖矿者”通过“挖矿”原始取得比特币的所有权。所谓“挖矿”，乃指参与者自比特币官网下载用户端程式及专用运算工具，通过投入大量的物质资本来维持“挖矿机”（高性能电脑）运算以解决复杂的数学问题，完成任务后即获得比特币奖励。故就比特币的获取原理而言，不妨参照物权法之相关规定，将“挖矿”认定为事实行为，由于在挖矿获得比特币之前，该比特币实际上并不存在，故挖矿者原始取得比特币的依据，似宜认为类似原始建筑房屋取得房屋所有权之法理。[1]

2. 比特币的继受取得

就比特币的继受取得而言，是原持有者通过交易所或第三方交易平台进行比特币的流转，后由继受人取得。而就继受取得这一过程所体现的法律关系，笔者认为，应属“基础性合同关系 + 准占有”模式。

3. 比特币的共有

“权利固应有其主体，但其主体为单数或复数，自无限制之必要。”[2] 比特币作为虚拟财产，自然可由多人共同享有，成立准共有关系。但需注意，倘若国家今后对该比特币之享有作出特殊规定，则应以该规定为准，否则即应参照物权法中共有之规定予以准用。

4. 比特币的分割

虽然比特币不具有实物形态，但由于其在网络上系以“货币”

---

[1] 陈荣传：《论比特币与比特币之债》，载《军法专刊》2019 年第 6 期，第 17 页。

[2] 李岩：《虚拟财产权的证立与体系安排——兼评〈民法总则〉第 127 条》，载《法学》2017 年第 9 期，第 154 页。

的形态存在，故自然可进行分割。分割的方式包括“类实物分割”（按照账户中显示的币的数目进行分割）、折价补偿等。

（二）比特币的移转

1. 公示公信原则的适用

我国物的移转是以登记或交付等公示方法作为物权变动的生效要件，以避免事实物权与法律物权的不一致，保护第三人的信赖利益。在厘清物之移转公示公信后，让我们把目光转向作为虚拟财产的比特币。虽然前文已经否认了其作为物权客体之存在，但“公示为权利的绝对效力之源，权利欲对他人有约束力，就必须进入公示领域”[1]，公示是否必要完全取决于权利是否存在被侵害的可能性。是故随着比特币在私法领域逐渐得到承认以及比特币财产侵权纠纷数量逐年增加，这种“非以物为支配之财产权具有事实支配关系者，法律无不与保护之理由”[2]。

但比特币之移转应采取何种公示方式呢？笔者认为，可以借鉴我国台湾地区“民法”的相关规定，即“财产权，不因物之占有而成立者，行使其财产权之人，为准占有人”适用准占有的公示方式。其成立需要同时满足以下三个要件：第一，以财产权为标的物；第二，适用于不因物之占有而成立的财产权；第三，须事实上行使其权利。着眼于该构成要件，比特币持有者可基于比特币自身的价值而享有财产权，且其与物的区别在于前者不以实体物的占有而成立，以及权利人可对比特币事实上行使权利。因此，对于比特币之移转的公示采取准占有的方式完全符合其自身的特征。至于准占有的具体原理，笔者的理解是：区块链本身是一个记录比特币交易数据和信息的“公共账本”，并且随着新区块的创建，这些区块将按时间顺

---

[1] 梅夏英：《民法上公示制度的法律意义及其后果》，载《法学家》2004年第2期，第117页。

[2] 谢在全：《民法物权论》（下册），中国政法大学出版社2011年版，第1241页。

序线性排列并加载到区块链上永久存储。虽然比特币持有者在区块链上通过匿名的公钥进行交易，使用私钥行使权利，但由于区块链已将所有的交易资料加以完整记录且该记录具有不可回复之特性，所以比特币实现了所有权属与交易信息的透明、公开。[1]

2. 比特币的善意取得

虽然善意取得制度起源于物权制度（《民法典》第三百一十一条），但其对善意交易人保护的意旨决定了在适用范围上应扩大至符合公示要求的全部财产权。[2]《最高人民法院关于适用〈中华人民共和国公司法〉若干问题的规定（三）》规定的无权处分股权之善意取得即体现此点。而比特币的善意取得则主要包括以下情形：首先，倘若多人共同持有一个比特币账户的私钥和公钥，如其中一个人未经其他人许可对比特币进行处分，则构成无权处分，进而由第三人善意取得（比特币交易的匿名性决定了原则上应视交易第三人为善意）；其次，倘若比特币账户持有人将该账户私钥予以出借，此时出借人在账户的真正所有者不知情的情况下出卖给他人，该行为自然也应构成无权处分从而适用善意取得；最后，比特币账户也存在被“黑客”盗取风险，此时黑客处置账户内比特币的行为自然也应视为无权处分，交易之第三人适用善意取得问题。此时，比特币账户的真正所有人存在难以救济的问题。由于比特币交易运用了隐匿网址或节点等技术，具有去中心化和匿名性特点，虽然从法理上讲，其请求权可得行使且存在可行使的对象，但实际行使起来是十分困难的。针对此种情况，单纯的民法规制作用已是十分微弱，笔者认为，可以考虑设置专门的交易平台，通过实名化、IP 追踪等方式来对比特币交易进行监督管理，以实现对无权处分情形泛滥的规制。

[1] 赵磊：《论比特币的法律属性——从 HashFast 管理人诉 Marc Lowe 案谈起》，载《法学》2018 年第 4 期，第 156 页—157 页。

[2] 李岩：《虚拟财产权的证立与体系安排——兼评〈民法总则〉第 127 条》，载《法学》2017 年第 9 期，第 156 页。

3. 比特币的代际移转

比特币也可以实现代际移转，即被继承，这是因为比特币系依托网络而存在的财产所决定的。

（三）涉比特币纠纷的侵权救济责任

通过对检索案例裁判结论的整理，笔者认为在对侵权责任或违约责任的认定上，应要求被告返还比特币或按照判决确定的履行期届满之日的市场行情择一高价赔偿。一方面，该法律责任的承担不仅体现了比特币自身所具有的财产属性，符合前述对其法律属性的论述，而且还最大限度地保障了投资者的利益，进而可能刺激投资者的投资信心，极大地促进我国金融服务业的发展。另一方面，该责任承担方式也得到了国内、国际的案例支持，如2019年上海市第一中级人民法院审理的闫某东等诉李某艳等财产损害赔偿纠纷二审案以及美国HashFast管理人诉Marc Lowe案。

Definition of Bitcoin's Legal Attributes

Li Yan　Wang Zhiwen

Abstract: In the context of the prohibition of Bitcoin financing in China, the unclear legal nature of Bitcoin is the source of disputes in judicial practice. Whether the legal attribute of Bitcoin is a thing, currency, virtual property or creditor's rights, the courts have different opinions and the academic circles are inconclusive. The view that Bitcoin has the attribute of creditor's rights cannot answer what is the object of the claim, and it does not match the needs of china's judicial practice. The view that Bitcoin should be a thing conflicts with existing theories and legislation, and there are certain logical loopholes in trying to use the existence of dominance as the standard for defining things. There is the view that Bitcoin should be a currency. On the one hand, Bitcoin does not have the conditions to serve as a general equivalent of a medium of exchange. On the other hand, the recognition that Bitcoin is a currency will challenge China's current monetary theory and will further cause China's financial order unstable. Under the circumstance that the existing property rights system cannot afford the extended protection of bitcoin with property value, the uniqueness of bitcoin proves that its legal attributes should be defined as virtual property, and this has also been confirmed by China's judicial practice. The construction of Bitcoin as a virtual property system should mainly consist of the ownership of Bitcoin, the transfer of Bitcoin, and the liability for infringement relief in disputes involving Bitcoin.

Key Words: Bitcoin; legal attributes; virtual property

预付式消费履约担保的立法现状反思与制度建构*

王博**

内容摘要：虽然我国单用途预付卡专门立法已对预付式消费强制性履约担保作出规定，但其仅适用于具有一定规模的企业法人，大量规模较小的发卡主体被排除在强制履约担保的适用范围之外。可以说，我国预付式消费强制履约担保立法采取了一种"抓大放小"的立法模式。在目前预付式消费实践中，正是这些被排除在外的小规模发卡主体经常产生履行障碍，出现关门、倒闭甚至"跑路"等问题。因此，有必要扩张强制履约担保的适用范围，实现对各种规模发卡主体的全面覆盖。从整体上来讲，优化我国预付式消费强制履约担保制度，应考虑以消费者保护立法作为基础性规范载体，确立以保证金为基础并结合其他担保类型作为可替代的多元化担保类

---

* 本文系作者主持的教育部人文社会科学研究青年基金项目"预付式消费履约担保制度研究"（编号 17YJC820047）阶段性研究成果。

** 王博（1986—），东北财经大学法学院副教授，法学博士，硕士生导师，研究方向：经济法学。电子邮箱：isabella_wangbo@ 163. com。

型模式，并尝试将预付式消费行政执法权由商务行政部门移转至市场监督管理部门。

关键词：预付式消费　履约担保　备付金　保证金

一、问题的提出：预付式消费履约担保的学理误区

“先付款、后消费”的预付式消费模式为消费者带来优惠和便利，同时，经营者关门、倒闭甚至“跑路”等问题，也给消费者的权益造成损害。为此，国务院于2016年11月16日公布的《中华人民共和国消费者权益保护法实施条例（送审稿）》[1]（以下简称《消费者保护条例（送审稿）》）第39条第2款、第3款专门对预付式消费履约担保制度作出规定，即“经营者发行多用途商业预付卡的，应当取得人民银行的支付业务许可，并依照国家有关规定办理发行、受理、使用、充值和赎回等业务，设立预付资金专用账户，遵守客户备付金存管规定”。“经营者采用卡、券等方式发行单用途商业预付卡的，应当在卡、券上明示发行人名称、地址、统一编号、负责人姓名、卡券面额、使用期限、使用范围（项目、次数）、发行人的履约保证责任等，应当采取符合国家有关规定的方式，为预收资金提供担保，并采取措施明确告知消费者兑付风险和担保措施”。不过，由于《消费者保护条例（送审稿）》迟迟未能生效，其中第39条第2款、第3款关于预付式消费履约担保的规定也就无法对预付卡发卡人产生规范约束力。应当看到，与传统的“一手交钱、一手交货”、银货两讫的消费形态不同，预付式消费表现为消费者先行一次性支付价款给经营者或第三方发卡机构，后由经营者陆续分为多次向消费者提供商品或服务的消费模式。[2] 而预付式消费履约担保是

[1] 2016年11月16日，国务院公布《中华人民共和国消费者权益保护法实施条例（送审稿）》全文，并向社会各方征求意见，但该条例至今未能生效。

[2] 王博：《消费模式变革下的消费者保护法研究》，东北财经大学出版社2017年版，第181页。

为了克服预付式消费履行障碍所引入的制度设计。这一制度是在预付式消费过程中由经营者向消费者提供的确保其能够按照约定善意、及时地履行合约的保障措施；倘若经营者日后未能按合约规定履行消费合同中的义务，则消费者可以启动担保措施，获得相应的救济。

在探讨预付式消费法律规制问题的过程中，我国很多学者都在强调引入或建立“强制履约担保制度”的必要性，而形成这一观点的大前提便是学界认为“我国预付式消费相关立法中缺乏强制性履约担保制度”。如有学者在专门研讨该问题时指出，“我国预付款保障机制的缺失阻碍了预付式消费健康发展。我国应当建立强制性、多元化的履约担保机制，以便化解经营者的履约风险，切实保障消费者的资金安全，创造公平的竞争环境”[1]。另有学者指出，“我国应建立预付卡资金托管和保证金制度，要求发售会员卡的经营者在登记时提交一定的风险保证金，一旦消费者权益受损，可从风险保证金中给予清偿”[2]。还有学者认为，“目前，我国消费预付卡金融监管还主要存在如下问题有待解决，（其中之一便是）消费预付卡担保制度缺失。建议对我国预付卡担保立法，一是建立预付卡保证金制度，商家发行预付卡须向当地预付卡协会（或者是当地工商行政管理部门）按其发行预付卡总额的一定比例缴纳保证金；二是建立保证保险制度”[3]。此外，也有观点强调，“应设立保证金制度。让准备发行单用途卡的商家在商务部门指定的国有银行存入一定数额的保证金，具体数额与单用途卡发行数量、发行总额相挂钩。该笔保证金一旦存入即被封存，商家不可私自挪用。”[4]

---

[1] 朱金东、孙婷婷：《我国预付式消费履约担保制度的法律构建》，载《东岳论丛》2014年第6期，第157页。

[2] 马太广、范励：《论商业预付卡的本质属性与法律规制》，载《东方法学》2013年第2期，第61页。

[3] 李猛：《论我国消费预付卡金融监管体制构建》，载《江汉学术》2015年第3期，第73页。

[4] 李群群、张龑：《单用途商业预付卡消费法律问题研究——以南京市12315消费者维权热线投诉数据为样本》，载《法律适用》2018年第2期，第83页。

可以看到，上述观点均强调在预付式消费中引入强制性履约担保的必要性，没有建立或者附加担保措施，已成为危及消费者权益保护、制约预付卡行业良性发展的关键问题。然而，上述理论呼吁并不完全符合我国的立法现状。学界对我国预付式消费履约担保制度立法现状的认识存在一定的误区，导致后续研究中的偏差。因此，有必要对此进行反思与纠正。本文从我国预付式消费履约担保制度的立法现状入手，反思现有立法下预付式消费履约担保的不足之处，最终提出我国完善预付式消费履约担保制度的具体建议。

二、我国预付式消费履约担保的立法现状考察

由于预付式消费中存在着履行障碍风险，在规制预付卡市场的过程中，我国立法也尝试着对预付式消费的履行障碍风险作出回应，由此在一定范围内规定了预付式消费强制性履约担保制度。

（一）预付卡类型划分与监管模式

预付卡因其发行主体与适用范围之不同而被划分为不同的类型。中国人民银行等七部委于 2011 年 5 月 23 日联合颁发的《关于规范商业预付卡管理的意见》（国办发〔2011〕25 号，以下简称《七部委意见》）中指出，“商业预付卡以预付和非金融主体发行为典型特征，按发卡人不同可划分为两类：一类是专营发卡机构发行，可跨地区、跨行业、跨法人使用的多用途预付卡；另一类是商业企业发行，只在本企业或同一品牌连锁商业企业购买商品、服务的单用途预付卡”。与上述类型划分相对应，我国的预付卡市场监管采取了分业监管的双轨制模式。也即，以“多用途预付卡”与“单用途预付卡”之类型划分为基础，前者系专门的第三方机构发行的可于发行人之外的多个商家使用的预付卡，主管部门为“中国人民银行”，主要的规范性法律文件是中国人民银行 2010 年 5 月 19 日颁布的《非金融机构支付服务管理办法》（〔2010〕第 2 号，以下简称《非金融

机构办法》）和《支付机构预付卡业务管理办法》（〔2012〕第12号，以下简称《多用途办法》）。商家自行发行并仅限于在发行人经营范围内使用的预付卡，主管部门为“商务部”，核心规范性法律文件是商务部于2012年8月24日颁布的《单用途商业预付卡管理办法（试行）》（〔2012〕第9号，以下简称《单用途办法》）。[1]

需要说明的是，我国《消费者权益保护法》只对预付式消费作出了原则性规定。具体而言，《消费者权益保护法》第53条规定，“经营者以预收款方式提供商品或者服务的，应当按照约定提供。未按照约定提供的，应当按照消费者的要求履行约定或者退回预付款，并应当承担预付款的利息、消费者必须支付的合理费用。”客观而言，《消费者权益保护法》只是阐述了消费合同的基本原理，并未能有效回应预付式消费自身的特点，也未对预付式消费履约担保制度作出具体规定，可以说，《消费者权益保护法》在规制预付式消费过程中所发挥的作用是极其有限的。此外，《七部委意见》曾经指出，“发卡人接受的、客户用于未来支付需要的预付资金，不属于发卡人的自有财产，发卡人不得挪用、挤占”。应当看到，虽然《七部委意见》对于预付资金只作出了导向性规定，但基本立场是明确的；这一规定表明预收资金监管制度在预付卡管理的制度体系中的重要地位，并为相关部门规章中履约担保制度的确立提供了指引。

（二）多用途预付式消费强制履约担保立法之考察

就我国多用途预付卡监管而言，人民银行实际上是将之纳入非金融机构支付监管体系之下的，其中的履约担保制度以“客户备付金”为核心。首先，《非金融机构办法》第24条对客户备付金作出了基础规定，即“支付机构接受的客户备付金不属于支付机构的自有财产。支付机构只能根据客户发起的支付指令转移备付金。禁止

---

[1] 王博：《台湾地区预付卡法律规制的制度构造及其借鉴》，载《财经法学》2015年第6期，第125页。

支付机构以任何形式挪用客户备付金”。此外，为了进一步明确“客户备付金存管与划转”的具体实施办法，中国人民银行于 2013 年 6 月 7 日颁布《支付机构客户备付金存管办法》(〔2013〕第 6 号，以下简称《备付金办法》)。《备付金办法》第 2 条第 2 款对客户备付金作出了明确界定，即“支付机构为办理客户委托的支付业务而实际收到的预收待付货币资金”；第 3 条第 1 款规定，“支付机构接收的客户备付金必须全额缴存至支付机构在备付金银行开立的备付金专用存款账户”。同时，第 23 条规定，“支付机构应当在收到客户备付金或客户划转客户备付金不可撤销的支付指令后，办理客户委托的支付业务”。

可以看到，对于多用途预付卡发行人而言，其所收受的客户预付资金必须作为“备付金”全额缴存至支付机构所开立的备付金专用存款账户，这是开展多用途预付卡业务的机构必须履行的法律义务，也可以被认为是一种最为便捷的强制性履约担保措施。此外，需要说明的是，由于多用途预付卡多由资金实力雄厚的大企业所发行，加之《备付金办法》明确规定支付机构“客户备付金存管与划转”的具体方式方法，因此，多用途预付卡在日常生活中极少引发消费者投诉。

（三）单用途预付式消费强制履约担保立法之考察

日常生活中常见的经营者关门、倒闭甚至“跑路”等问题均源于单用途预付卡。可以说，单用途预付卡是消费者投诉的“重灾区”。但需要强调的是，我国并非没有关于单用途预付卡履约担保的专门规定。具体来看，《单用途办法》第 26 条规定了预付卡发行人“资金存管”制度，即“规模发卡企业、集团发卡企业和品牌发卡企业实行资金存管制度。规模发卡企业存管资金比例不低于上一季度预收资金余额的 20%；集团发卡企业存管资金比例不低于上一季度预收资金余额的 30%；品牌发卡企业存管资金比例不低于上一季度预收资金余额的 40%”。第 27 条规定：“规模发卡企业、集团发卡企业和品牌发卡企业应确定一个商业银行账户作为资金存管账户，并与存管银行签订资金存管协议。资金存管协议应规定存管银行对发卡企业资金存管比例进行监督，对超额调用存管资金的指令予以拒绝，并按照备案机关要求提供发卡企业资金存缴情况。”此外，《单用途办法》第28条还规定，“规模发卡企业、集团发卡企业和品牌发卡企业可以使用担保预收资金的保证保险、银行保函等方式冲抵全部或部分存管资金”。

从上述规定可以看出，对于品牌发卡企业、集团发卡企业和规模发卡企业而言，他们应当分别将预收资金余额中的一定比例作为保证金，存入专门的“商业银行账户作为资金存管账户”。当然，发卡企业也可以根据其实际经营状况，选择“保证保险、银行保函等方式冲抵”作为资金存管的替代方案。概言之，《单用途办法》针对“品牌发卡企业、集团发卡企业和规模发卡企业”确立了强制性履约担保制度；但在上述企业之外，《单用途办法》中的强制性履约担保规定仍无法适用。

（四）预付式消费履约担保地方性立法

在《单用途办法》这一部门规章之外，一些地方也试图通过地方立法对预付式消费进行规制，其中也涉及履约担保问题。较早的尝试有厦门市商务局等七部门于2008年10月联合颁布的《关于加强零售业购物券（卡）管理的通知》（以下简称《厦门通知》）。虽然该通知在2013年已经失效，[1] 但《厦门通知》中曾明确要求，

---

[1] 2013年4月17日，厦门市商务局等七部门发布了《关于不再执行〈关于加强零售业购物券（卡）管理的通知〉的通知》（厦商务〔2013〕136号）。该通知指出：“根据《国务院办公厅转发人民银行监察部等部门关于规范商业预付卡管理意见的通知》（国办发〔2011〕25号），2012年商务部下发了《单用途商业预付卡管理办法（试行）》（商务部令〔2012〕第9号），中国人民银行下发了《支付机构预付卡业务管理办法》（中国人民银行公告〔2012〕第12号），均自2012年11月1日起执行，是针对商业预付卡业务发布的国家部门规章，目前我市预付卡业务管理已按上述政策组织实施。我市贸发局、人民银行、银监局、工商局、国税局、地税局、公安局等七个部门印发的《关于加强零售业购物券（卡）管理的通知》（厦贸发内贸〔2008〕617号）与以上文件存在不一致内容，自行废止，停止执行。”厦门市贸发局于2011年更名为商务局。

“预付费的购物券（卡）的发行须由银行提供特定金额的担保，或是通过第三方监管进行资金划拨”。

目前，对于预付式消费或单用途预付卡的履约担保问题作出针对性规定的地方性立法主要有两部，一是2017年3月30日修订的《江苏省消费者权益保护条例》（以下简称《江苏省条例》），2017年7月1日起施行；[1] 二是2018年7月27日通过的《上海市单用途预付消费卡管理规定》（以下简称《上海市规定》），2019年1月1日起施行。具体来看，《江苏省条例》第27条第3款规定：“经营者应当对其发放的单用途预付卡向消费者提供担保。鼓励经营者在商业银行开立预付卡资金存管账户，在经营场所定期公示预付卡资金总量和使用情况。”《上海市规定》第15条规定，“本市建立单用途卡预收资金余额风险警示制度。按照规定与协同监管服务平台信息对接的经营者，预收资金余额超过风险警示标准的，应当采取专用存款账户管理，确保资金安全。经营者可以采取履约保证保险等其他风险防范措施，冲抵存管资金”。

可以看到，《江苏省条例》规定的强制性履约担保方式在适用对象上没有任何限制，因而所有发行单用途预付卡的经营者都必须提供履约担保，并建议开立预付卡资金存管账户。与《江苏省条例》有所不同，《上海市规定》并未规定强制性履约担保，而是采取了一种相对缓和的模式，其将履约担保作为一种替代性措施；只有当“预收资金余额超过风险警示标准”、主管机关“采取专用存款账户

---

[1] 事实上，早在2011年2月，江苏省就曾在预付式消费履约担保方面进行过有益尝试。对于预付式消费问题频发的美容美发领域，江苏省消协曾发布《美发美容预付费消费卡发售企业自律公约》，规定加入该自律公约的企业需缴纳一定比例的保证金，从2万元到50万元不等。随后，苏州市消保委联合中国银行苏州分行，以美容美发行业为试点，推出了江苏省首张由银行托管资金模式的预付卡，即消费者的预付金交由银行进行第三方存管，实现了对预付式交易资金的动态监管，保障消费者资金安全。在常州市，消协组织与美容美发行业协会共建行业诚信联盟，引入同行企业连带担保机制。参见谈纬：《“海峡两岸预付式消费风险防范机制”研讨会在江苏省南京市召开，与会代表各抒己见为防范预付式消费风险支招》，载《中国消费者报》2011年10月12日，第A03版。

管理”时，经营者可以选择“采取履约保证保险等其他风险防范措施”作为代替措施。同时，《江苏省条例》并没有对强制履约担保的适用范围作出限定，其所覆盖的范围是该省内所有的单用途预付卡发行主体。而《上海市规定》属于《单用途办法》的下位法，其只能在《单用途办法》的基础上对实践操作作出进一步的细化，但在强制履约担保的适用范围上不能与上位法的规定相冲突，也即需要依照《单用途办法》的规定确定强制履约担保的适用范围。

三、我国预付式消费履约担保制度存在的问题

（一）强制性履约担保适用范围有限

如前所述，我国《单用途办法》所规定的“按比例预收资金存管”措施针对的是“品牌发卡企业、集团发卡企业和规模发卡企业”。其中，除了“品牌发卡企业、集团发卡企业”之外，规模发卡企业也需要达到一定规模，依据《单用途办法》第4条所规定的标准，即“规模发卡企业是指除集团发卡企业、品牌发卡企业之外的符合下列条件之一的企业：（一）上一会计年度年营业收入500万元以上；（二）工商注册登记不足一年、注册资本在100万元以上。”可以看到，《单用途办法》的上述规定实际上是对我国单用途预付卡强制履约担保的对象设置了很高的门槛。易言之，《单用途办法》虽然确立了单用途预付式消费强制履约担保的制度体系，但这一制度体系是有局限性的，其适用范围未能覆盖全部单用途预付卡的发卡主体，将消费生活中大量存在的发卡主体排除在外。我国所面临的问题在于，单用途预付卡强制履约担保制度所覆盖的范围过于狭窄，忽视了对现实生活中经常引发预付式消费问题的中小型经营者作出规制。

日常经营活动中，大量的单用途预付卡发行主体在营业额与注册资本上可能都要远远低于《单用途办法》所规定的门槛；在数量

相对较少的规模发卡企业、集团发卡企业和品牌发卡企业之外，其他小规模的发卡主体并没有被强制要求缴纳存管资金，也即无须提供担保。此外，依据《单用途办法》第2条的规定，“从事零售业、住宿和餐饮业、居民服务业（具体行业分类表见附件1）的企业法人在中华人民共和国境内开展单用途商业预付卡业务适用本办法。”可以看到，《单用途办法》的适用对象仅限于企业法人。然而，日常生活中的发卡主体还可能是个人独资公司或个体工商户，他们并不具有企业法人的资质，因而自然无法成为单用途预付卡强制履约担保的适用对象。概言之，对于规模发卡企业、集团发卡企业和品牌发卡企业这三类企业法人之外的其他发卡主体，《单用途办法》无法适用。事实上，《单用途办法》管不到的个体工商户或其他中小型企业却在预付卡发行市场中占据较大的数量，而且这些中小企业或个体工商户游离于监管体系外，导致发生纠纷时甚至连发卡主体的真实身份都难以查实，令消费维权陷入窘境。可以说，《单用途办法》所设置的强制履约担保制度并没有抓住主要矛盾，大量无法被纳入规制范围的预付卡发行主体完全交由市场本身加以调节，留下了较大隐患。

（二）替代性担保缺乏实践指引

中国人民银行颁布的《非金融机构办法》《备付金办法》与商务部颁布的《单用途办法》分别对多用途预付卡与单用途预付卡的强制履约担保问题作出规定；前者以“客户备付金存管与划转”为基础，后者以特定比例的“预收资金”作为基本的履约担保方式，但可以选择其他担保方式作为替代。直观来看，我国立法所确立的预付式消费履约担保制度是以预收资金管控为基础的；同时，针对单用途预付卡，《单用途办法》允许选择其他替代措施。

不过，若进一步考察实践情况，我们便可以发现，在预收资金管控这一类属于保证金的担保措施之外，其他类型的履约担保制度尚未以制度化的方式投入实践。即便是从理论上来讲相对简便的

“金融机构保证”方式，也没有针对预付式消费开设专门的“担保通道”，难以为发卡人申请担保提供专业化、便捷化的服务。更何况，行业联保或第三方资金划拨涉及更为复杂的担保制度体系，需要配套性实施方案予以支持。易言之，从实践情况来看，我国并未就这些替代性担保措施专门寻求配套性实施方案，立法上所规定的替代性措施提供仅在理论层面可行，在实践中未必能够有效运转。

（三）消费者保护领域立法缺失

对于实践中问题多发的单用途预付卡而言，我国采取了专门立法模式，但《消费者权益保护法》只是对预付式消费问题作出了原则性规定，在实践中并不具有可操作性。那么，消费者权益保护立法是否应当对预付式消费问题直接作出规定呢？若是有必要在消费者权益保护立法中对预付式消费进行规定，那么，如何处理消费者保护立法（《消费者权益保护法》或消费者保护地方立法）与单用途预付卡专门立法（《单用途办法》以及单用途预付卡地方立法）之间的关系呢？应当说，立法的模式选择，是值得反思的基础性问题。

以《单用途办法》为基础的预付卡专门立法模式，更加强调行政机关对单用途预付卡事前审查与事后处罚，其在调整消费者与经营者之间法律关系的过程中适用性不强，或者说并不会积极介入消费者与经营者之间的权利义务关系，在消费者权益保护方面具有实质性意义。无论是对于预付式消费中经营者与消费者之间的债权债务关系以及强制履约担保，还是对于消费者后悔权以及格式条款等问题而言，商务部所主导的单用途预付卡专门立法模式都存在局限性，难以回应现实生活中预付式消费所引发的诸多问题。

（四）监管主体难以适应执法实践

与单用途预付卡立法载体模式存在关联性的另一问题是预付式消费监管主体问题，其中也涉及预付式消费强制履约担保的监管问题。目前，我国单用途预付卡监管的执法部门为商务部及各地的商务行政部门。但就预付式消费问题而言，商务行政部门在预付卡发行、使用的行政执法以及各类消费纠纷的解决方面缺乏足够的经验，且一直未建立起专门投入到预付卡监管中的行政执法队伍，在监管过程威慑力也有所不足。实践中，对于大型发卡企业可以开展约谈并责令改正等行政执法工作，效果也并不理想。

事实上，消费者在预付式消费维权过程中首选的投诉部门也并非商务行政部门，而是消费者协会以及市场监督管理部门。考虑到我国的商业预付卡已经渗入到不同行业的各种层级，如涉及教育培训、健身场馆等行业时，教育行政部门、体育行政部门也有相应的审批、监管权力。可以看到，因预付式消费涉及社会生活的方方面面，行政监管的内容较为复杂，商务行政部门受制于其业务领域难以对预付式消费活动实现专业监管。

四、完善预付式消费履约担保之制度建构

在反思我国预付式消费履约担保制度存在的现实问题之后，我们应当明确扩大强制履约担保制度覆盖范围的必要性，也即在宏观上把握好制度完善的基本向度；在此基础上，完善预付式消费履约担保之制度建构还将涉及“担保类型”“立法载体”与“监管主体”等方面的问题。

（一）实现强制担保的全面覆盖

考虑到任何额度的预付卡发行与预付式消费都表现出授信人数广、授信期限长等特征，消费者的担保需求强于普通债权人，而强制履约担保模式与这种广泛、长期的授信相称，更有助于约束企业在发卡后的经营行为。[1] 因此，针对各种层次的发卡主体全面确立强

---

[1] 朱金东、孙婷婷：《我国预付式消费履约担保制度的法律构建》，载《东岳论丛》2014 年第 6 期，第 157 页。

制履约担保制度，具有理论上的正当性。此外，从现实情况来看，由于我国单用途预付卡行业自治能力不足，市场竞争机制尚不充分，且社会责任意识淡漠，而这些问题在中小型经营者中尤为明显。在上述背景下，预付卡发行行为从纯粹的营销手段异化为融资手段——在很大程度上变成经营者的融资工具，而金融异化易诱发发卡人机会主义与道德风险，导致预付式消费纠纷日渐增多、案情结构日趋复杂。[1] 同时，由于预付式消费活动总是伴随着种种优惠刺激，特别是中小型经营者往往就是通过优惠来刺激消费者，引发其消费冲动；在信息不对称的情况下，消费者很容易因优惠刺激而忽视了对经营者忽视了商品、服务质量，更忽视了经营者的履约能力。[2] 在这样的情况下，只有针对所有层次的发卡主体全面确立预付式消费履约担保制度，才能更有效地约束经营者对预付资金的使用。

本文认为，《消费者保护条例（送审稿）》）第39条第3款所规定的全面强制性履约担保，即要求“经营者发行单用途商业预付卡的应当在卡、券上明示履约保证责任，采取符合国家有关规定的方式为预收资金提供担保，并将担保信息明确告知消费者”，值得肯定。对于所有层次发卡主体与各种领域的预付式消费行为，都应实行全面的强制性履约担保。

（二）完善替代性担保措施的实践操作

在明确扩大预付式消费强制履约担保的适用范围、实现全面覆盖的基础上，需要进一步探讨的是担保类型的选择——一元担保模式与多元担保模式以及实践操作问题。从境外预付式消费履约担保

---

[1] 陈一新：《单用途预付卡金融异化、裁判反思与展望——基于139份案例的实证分析》，载《科技与法律》2018年第1期，第50页。

[2] 王博：《预付式消费引入后悔权机制的必要性及其制度设计》，载《法治社会》2019年第1期，第104页。

立法模式来看，比较有代表性的包括“日本的保证金一元模式”❶与“我国台湾地区的多元担保类型模式”。❷ 直观来看，二者的根本差异在于后者为经营者提供了更多的选择。在多元担保模式之下，除了保证金这一基本担保类型之外，通常还包括金融机构、行业联保、大企业保证以及保证保险等各种类型。

目前，针对单用途预付卡，我国实际上也是采取了多元化担保模式，也即以保证金（预收资金）为基础并允许提供其他履约担保类型作为替代措施。本文认为，多元化担保模式可以为分布在各种行业、处于不同发展阶段、规模各异的经营者提供多样化的选择空间，有利于经营活动的顺利展开，本身是值得肯定的。与此同时，为提升保证金之外的替代性担保方式的实践操作性，监管部门应基于预付卡市场的实践状况，与金融机构、相关行业协会、大型企业以及保险公司等各方沟通相关担保业务的实施方案。例如，与金融机构沟通协调推动预付式消费银行保函范本的制定与专项服务的开展，与相关行业协会（如美容美发行业、健身行业）沟通协调制定预付式消费行业联保的实践操作指引，与保险公司沟通完善预付式消费履约保险合同条款，等等，进而为预付卡发行人开展相关替代性担保业务提供便利渠道。

---

❶ 日本1989年颁布的《预付式证票规制法》和2009年颁布的《资金决济法》（将《预付式证票规制法》内容全部吸收）都规定了保证金提存制度。依照法律规定，预付证票发行者在基准日之际，所发行的预付证票的基准日未使用余额超过法定金额（一般为1000万日元）的，应在该基准日的翌日起2个月内将相当于该基准日未使用余额的二分之一以上之金额作为发行保证金委托距离主营业所最近的寄存机关保管并向内阁总理大臣报告。

❷ 我国台湾地区于2006年发布的《零售业等商品（服务）礼券定型化契约应记载及不得记载事项》规定了单用途预付卡发行人必须提供相应的担保，包括：1. 金融机构履约保证，且保证期间至少为1年；2. 由同行业内的大型企业（市场占有率5%以上）提供的补充连带保证；3. 发行人将所收取的钱款存入特定金融机构的信托账户；4. 参加同业行业工会联合的连带保证；5. 其他经过经济部许可，并经行政院消费者保护委员会同意的履约保证方式。

（三）立法模式的重新选择

由商务部主导制定的《单用途办法》更加侧重于对单用途预付卡市场的整体调控，以维护单用途预付卡行业的基本秩序与良性发展，消费者权益保护问题则未能成为立法所考虑的重点。在本文看来，采取以消费者保护立法为基础的立法模式，以实现对消费者与经营者之间的预付式消费合同法律关系的全面调整并推动强制履约担保的全面覆盖，更有助于保护消费者权益。从立法进程来看，在预付式消费中全面确立强制担保也曾为我国消费者权益立法所关注。原国家工商行政管理总局于2009年10月发布的《消费者权益保护法（修订稿）（征求意见二稿）》第32条第1款曾规定："经营者向消费者收取预付款的，应当由商业银行设立专款账户实施托管，专款专用，分期支取；经营者确需提前支取预付款的，应当向托管商业银行提供担保。"虽然上述规定未能在《消费者权益保护法》修改过程中为立法机关所采纳，但是在消费者权益保护立法领域对预付式消费作出专门规定的立法意愿是值得肯定的，《消费者保护条例（送审稿）》修订中也应当坚持对预付式消费以及履约担保制度作出明确规定。

目前，就《消费者保护条例（送审稿）》第39条的规定而言，其不足之处在于只是强调"应当采取符合国家有关规定的方式，为预收资金提供担保"，也即表明消费者权益保护立法仍然希望以单用途预付卡专门立法为依托，在援引相关立法规定的基础上对预付式消费问题作出规定，其自身并没有对预付式消费履约担保作出可操作性的规定，象征意义大于实践意义。与《消费者保护条例（送审稿）》不同，《江苏省条例》则是直接要求"经营者应当对其发放的单用途预付卡向消费者提供担保"，也即将预付式消费强制履约担保适用于所有发行预付卡的经营者，并对预付式消费中"合同必须记载内容及解释立场""不同主体的发卡金额限度""消费者后悔权""退卡权利与义务""经营者停业告知义务"以及"发卡经营者欺诈行为”等诸多问题作出明确规定。[1]《江苏省条例》所采取的以消费者保护立法为基础的立法模式，应当成为我国预付式消费履约担保立法模式上的合理选择。

（四）监管职权的优化配置

实践中，为切实保障预付式消费的顺利开展，建立单用途商业预付卡长效管理机制，有的地方执法机关已经开始重构预付卡监管执法体系。例如，上海市商务委员会会同市编办、市政府法制办和市场监督管理等部门已达成共识，将单用途商业预付卡行政执法权移交市场监督管理部门以及其他的主管部门。具体来看，《上海市规定》第21条明确规定：“对单用途卡经营活动违法行为的行政处罚，由下列部门（以下统称单用途卡行政执法部门）负责实施：（一）商务领域，由市场监督管理部门负责实施；（二）文化、体育、旅游领域，由文化综合执法机构负责实施；（三）其他领域，由各自行业主管部门负责实施。”

目前，在上海市的单用途预付卡行政监管职权分配中，商务行政部门主要侧重于通过电子平台系统规范预付卡发行与受理基本业务，市场监督管理部门以及其他领域的主管部门直接享有行政执法权，对预付式消费中各类具体问题进行监管。因此，我们需要结合预付卡行业的实际发展情况，理清预付卡监管环节的核心内容与职能需求，并在此基础上寻求科学的模式配置；形成主管部门主导、其他部门配合的预付卡监管模式，以提高预付卡监管工作的效率。在本文看来，《上海市规定》第21条所作出的执法职能划分更加符

[1] 《江苏省条例》除了在第27条第3款对预付式消费履约担保作出强制性规定之外，其第27条第1款、第2款和第4款分别对“合同必须记载内容及解释立场”“不同主体的发卡金额限度”以及“相关资料留存义务”作出规定。同时，第28条第1款、第2款对“消费者后悔权”“退卡权利与义务”“经营者停业告知义务”以及“发卡经营者欺诈行为”作出规定。可以说，《江苏省条例》是以消费者权益保护立法全面规范预付式消费的典型代表。

合我国的现实情况，迎合了我国预付式消费维权的实践要求；各地方性的“消费者权益保护立法”或“单用途预付卡管理立法”可借鉴《上海市规定》第21条的规定，确立以市场监督管理部门为基础的预付卡发行监管与预付式消费维权行政执法体系。

五、结　语

总体而言，在预付式消费模式下，消费者权益的保护应当以经营者的债务履行为核心内容。只有确保预付卡发行主体在收受预付资金后的履约行为，我们才能有效规范预付卡市场、保护消费者合法权益。

对于预付式消费模式中较为普遍的履行障碍问题，学界的既有研究多是将原因归结为“我国预付式消费强制性履约担保制度的缺位”，因而主张在预付式消费中引入或建立“强制性履约担保”机制，而“保证金”则成为学界普遍认同的担保方式。[1] 从理论上来讲，学者们所强调的“以预付式消费履约担保制度作为确保发卡主体履约行为的核心手段”之基本立场，是值得充分肯定的。不过，通过前文对我国预付卡规制法律规范的梳理与分析，我们可以发现，学界关于我国预付式消费强制性履约担保制度的规范认知与完善建议仍有不妥之处，有必要作进一步回应。

首先，目前我国针对单用途预付卡已经有条件地确立了强制性履约担保机制。因此，“预付式消费强制性履约担保制度缺位的理论定位”并不准确。事实上，我国单用途预付卡专门立法只是有选择

---

[1] 朱金东、孙婷婷：《我国预付式消费履约担保制度的法律构建》，载《东岳论丛》2014年第6期，第157页；马太广、范励：《论商业预付卡的本质属性与法律规制》，载《东方法学》2013年第2期，第61页；李猛：《论我国消费预付卡金融监管体制构建》，载《江汉学术》2015年第3期，第73页；李群群、张龑：《单用途商业预付卡消费法律问题研究——以南京市12315消费者维权热线投诉数据为样本》，载《法律适用》2018年第2期，第83页。

地将达到一定规模的企业法人纳入到强制性履约担保的适用范围之中，大量规模较小的发卡主体被排除在强制性履约担保的适用范围之外。简言之，我国预付式消费强制性履约担保采取了一种“抓大放小”的立法模式。

其次，我国现有的抓大放小式强制性履约担保制度，成为危及消费者权益的关键原因，学界既有研究忽视了这一实践性问题。应当看到，日常生活中海量存在的小规模发卡主体，他们是预付卡行业发展中主要的不良因素，存在着较多的履行障碍风险，但他们却被排除在强制性履约担保制度之外。从未来走向来看，我国应当扩大强制性履约担保在预付式消费中的适用范围，实现对各层次发卡主体的全面覆盖。

最后，学界既有研究倾向于将预付式消费履约担保制度与“保证金”方式简单对接，对于其他担保类型及其基本特征缺乏应有关注。事实上，“保证金”虽是较为容易操作的担保类型，却也存在着“增加经营者负担”等问题，具有其局限性，因而更宜将“保证金”定位为一种基础性的担保方式。在“保证金”这一担保类型之外，有必要针对“金融机构担保、行业联保、大企业保证、保证保险以及第三方资金划拨”等不同担保类型的特征进行全面分析，确立起多元化的担保类型，为不同行业以及各种规模的发卡主体提供更为丰富的选择空间。

The Legislative Status and Reflection on the Prepayment Consumer Performance Guarantee System

Wang Bo

Abstract: Although our special legislation of single prepaid card has made provisions on the compulsory performance guarantee of prepaid consumption, it is only applicable to a certain scale of enterprise legal person, and a large number of smaller issuers are excluded from the scope of application of the compulsory performance guarantee. It can be said that the legislation of prepayment consumer compulsory performance guarantee in China has adopted a legislative mode of "focusing on the big and letting go of the small". In the current prepaid consumption practice, it is excluded small - scale card issuers that often have performance obstacles, such as closing down, closing down or even "running away". Therefore, it is necessary to expand the scope of application of the compulsory performance guarantee to achieve a comprehensive coverage of various scale issuers. On the whole, in order to optimize the compulsory performance guarantee system of prepaid consumption in China, we should consider the consumer protection legislation as the basic standard carrier, establish the diversified guarantee type mode based on the deposit and combined with other guarantee types as alternative measures, and try to transfer the administrative law enforcement power of prepaid consumption from the commercial administrative department to the market supervision and management department.

Key Words: prepaid consumption; performance guarantee; provision; security deposit

认罪认罚案件被告人反悔的程序应对*

王崇**

内容摘要：认罪认罚案件被告人的反悔行为已屡见不鲜，基于反悔的真实动因，司法机关的应对机制必然要有所差异。在最后陈述结束前，被告人能够以任何理由主张反悔，同时法官和律师要承担风险告知责任。若被告人仅就认罚部分反悔，且检察机关愿意调整量刑建议时，法官无需转换审判程序。被告人反悔后在认罪认罚时所作供述的证据资格与反悔理由的正当性直接相关。对于被告人无正当理由的上诉行为，检察机关抗诉既于法无据，又与抗诉权属性不符，采用上诉理由审查的方式规制反悔行为更为妥当。第二审程序发回重审后，被告人不能提出附带反悔。

关键词：认罪认罚　反悔　证据资格　有因上诉

* 本文是国家社科基金一般项目“刑事案件事实认定中的经验法则研究”（项目编号：19BFX091），辽宁省社科基金课题“刑事诉讼中无罪化裁量机制研究”（项目编号：L19BFX001）的阶段成果。

** 王崇，辽宁大学法学院讲师，法学博士，研究方向：刑事诉讼法。

自2016年11月，“两高三部”联合制定《关于在部分地区开展刑事案件认罪认罚从宽制度试点工作的办法》之后，“认罪认罚”成为我国刑事判决书的常见词汇。认罪认罚从宽制度的理想运行状态是在达成认罪具结后，控辩双方共同信守，经司法审查，法官将具结书内容转化为判决结论。随着认罪认罚案件数量的增多，被告人的反悔行为在实践中更为常见。很多学者对被告人反悔行为要区分真实动机持肯定态度，有关被告人反悔程序应对的研究主要围绕审判程序的转换、有罪供述的证据资格和第二审程序的启动三个方面展开。总体而言，目前的研究存在以下三方面问题：一是在立法明确被告人反悔可能引起审判程序转换的情况下，未基于不同的反悔内容展开深入研究。例如，没有注意到被告人仅对量刑部分主张反悔时，人民法院径自转换审判程序未必是最佳选择。二是多从单一角度对如何适用在先有罪供述提出意见，如从保障被追诉人权益的角度提出否定有罪供述的证据资格，或是站在刑事司法重视查明案件事实的立场，主张控方可以继续使用被告人的口供，这样的观点难免有片面之嫌。三是分析认罪认罚案件无因上诉的不足后，继而提出有因上诉的立法建议，鲜少去论证认罪认罚案件与有因上诉之间的契合性，从而使得行文的逻辑链条缺少关键一环。

总而言之，认罪认罚案件被告人反悔的应对机制还需要更加系统地研究。事实上，从被告人反悔时真实动因的多样性出发，逐一分析被告人反悔案件的各种可能性，不仅有助于探究被告人反悔的最佳应对机制，还能助推我国认罪认罚从宽制度的良性运转。

一、认罪认罚反悔理由的类型化区分

在《法律文书大词典》中，反悔意指“不承认自己以前的允诺”。从这一表述可探知，行为人的反悔包括两个要件：在先曾做出某种允诺，又对该允诺表示否认。《刑事诉讼法》第15条规定了认罪认罚案件被告人允诺的具体内容，即“自愿如实供述自己的罪行，承认指控的犯罪事实，愿意接受处罚”。在犯罪嫌疑人签署的认罪认罚具结书中，认罪认罚内容部分包括犯罪嫌疑人知悉并认可检察机关指控的犯罪事实、提出的量刑建议和本人同意适用的审判程序。被告人作出上述允诺后，对于犯罪事实、量刑建议和审判程序中的一项或多项事由主张否认，即认罪认罚后的反悔。被告人在认罪认罚后表示反悔，总是会缘于某种理由。被告人的真实动因可能与认罪认罚正当性要件的缺失存在竞合，法官在处理被告人反悔行为时，实则是对控辩双方的认罪合意进行司法审查。此外，为保证被告人的诉讼权益得到有效的救济和保障，被告人要对反悔理由加以准确表述，以符合法定形式的要求。所以说，厘清被告人反悔正当理由的具体样态，对指导法官和被告人的诉讼活动具有重要意义。

（一）认罪认罚缺乏事实基础

尽管犯罪嫌疑人、被告人如实供述自己的罪行，承认指控的犯罪事实是司法机关期待的，司法机关不能仅仅关注认罪认罚的结果，还要对犯罪事实存在与否、是否为到案被追诉人所实施有准确的判断，继而保证认罪认罚的真实性。在司法实践中，无罪的人表示认罪的情况是客观存在的，认罪者可能想要代人受过，或是认为认罪比不认罪更“划算”，亦或是对自身行为的性质存在判断误差，以及受到外部因素的不当干预。无论基于何种原因，认罪认罚的真实性都是难以保证的。如果被告人在“认假罪”后又表示反悔，即认罪认罚缺乏事实基础的表现。

（二）认罪认罚的自愿性不足

自愿性是认罪认罚从宽制度的基石，为保障被告人认罪认罚时的自愿性，检察机关在办理认罪认罚案件时要受到严格的程序规制。在进行自愿性评估时，要把握认识因素和意志因素的双重标准。认识因素要求行为人能够预见到认罪认罚后可能产生的法律后果，并对此有清楚准确的认识。为保证认罪认罚的自愿性，向被追诉人提供专业帮助，减少信息不对等的消极影响是必要的。相比较具备法律素养、拥有丰富办案经验的检察官，犯罪嫌疑人对法律规定和司法判例的掌握情况一般是难以同日而语的。为使控辩双方的实力对比趋向均势，人民检察院在办理认罪认罚案件时，应当告知犯罪嫌疑人享有的诉讼权利和认罪认罚的相关法律规定，同时保障其获得律师的有效帮助。如果承办检察官没有履行告知义务，或是在告知后没有充分释明，以及律师的实质性帮助不足都可能导致犯罪嫌疑人陷入认识误区，进而影响认罪认罚的效力。意志因素强调认罪认罚是被告人自由意志的结果，换言之，认罪认罚应是意思自治的产物。刑事诉讼活动表现为权力与权利之间的对话，在强大的国家机器面前，个人处于天然的弱势。在认罪认罚过程中，控辩双方会处于事实上不平等的状态，检察机关占据着相对优势的地位。在审查起诉阶段，检察官还是适用强制措施的决定者，因此具有一定的心理优势。这些因素都可能导致认罪认罚是被告人意志自由受限的产物。

当检察机关违反法定程序，就会导致认罪认罚的自愿性存在不足，被告人可能会以此为由主张认罪认罚欠缺自愿性要件，拒绝接受认罪认罚承诺的约束。

（三）量刑建议明显不当

根据犯罪嫌疑人涉嫌的罪名，针对案件中各种从轻、减轻或者加重刑罚的情节，检察机关要在法定的刑罚幅度内确定量刑建议。尽管在签署认罪认罚具结书时，犯罪嫌疑人没有提出异议，如果检察机关的量刑建议不符合刑法规定的刑罚幅度，或是在法定刑罚幅度内明显过高，亦或是重于同类型案件的量刑标准，进而难以实现同案同判，被告人在意识到量刑建议存在上述明显不当之处后，可能会对曾经的认罚承诺表示反悔，以此希望获得公正处刑，在法律允许的范围内争取最佳的诉讼结果。

（四）检察机关擅自改变量刑建议

犯罪嫌疑人在签署认罪认罚具结书时，自然期待具结书的内容能够得以实现，最终获得程序从简、实体从宽的处理，这种期待利益转变为现实需要在诉讼活动中完成。具结书承载了控辩双方的合意，具结书内容对控辩双方均具有约束力，在犯罪嫌疑人签署认罪认罚具结书后，检察机关的诉讼行为应与具结书内容保持一致。若检察机关在具结书内写明拟对犯罪嫌疑人决定不起诉，就要及时作出不起诉决定；如需提起公诉的案件，检察机关要按照具结书向人民法院提出量刑建议。实践中，有的检察机关会在无新案件事实的情况下，单方面对量刑建议进行不利于被告人的变更。尽管《刑事诉讼法》第 201 条第 2 款赋予被告人对量刑建议的异议权，异议后的实际效果还要看检察机关是否愿意调整量刑建议。如果检察机关表示拒绝，被告人可能会以不再认罪认罚的方式表达不满。

笔者将除上述四种情形之外缺乏合理因素的反悔行为，统称为无正当理由反悔。导致被告人拒绝信守允诺的心理动机是多方面的，如被告人认罪具结后，对检察机关提出的罪刑宽缓幅度表示不满；依然心怀侥幸，以为不认罪就会逃避承担法律责任；在第一审程序终结后，想要通过第二审程序拖延诉讼进程，避免送监服刑；或是抱有投机心理提起上诉，想利用“上诉不加刑”原则做一笔“不赔本”的买卖，等等。无论被告人基于何种理由，都足以显现出其认罪认罚的态度不端。如果被告人在认罪认罚后，依然可以无限制、无休止地随意反悔，会导致案件在推进中随时有可能程序回流。为保证认罪认罚从宽制度的效能，在被告人能够提出正当理由时，法律应当允许被告人以反悔的形式表达己见。被告人在认罪认罚后拒绝信守允诺，这种反悔绝非国家推行认罪认罚从宽制度所期待的诉讼效应。审视被告人的反悔行为不能停留在表象，只有根据行为人的真实动机准确定性后，司法机关才能选择合适的应对机制。

二、第一审程序允许被告人反悔

被告人主张反悔相当于单方面否定控辩双方诉讼合意的结果，这种行为会关涉个人的诉讼境遇。被告人选择认罪认罚或拒绝认罪认罚都是处分诉讼权利的表现，被告人反悔后，将不会获得认罪认罚具结书内写明的刑罚减让优惠，如果被告人愿意接受这样的结果，主张反悔自然无可厚非。而且，被告人因认罪认罚获得量刑方面的从宽，要在法官作出判决时才能实现。在此之前，被告人可以按照自己的意愿调整诉讼策略。所以说，被告人在第一审阶段提出反悔，不必受到主观动因的限制。鉴于被告人的反悔行为会对诉讼进程产生影响，国家亦有引导当事人树立正确诉讼观念的义务，故被告人反悔行为的意愿表达和处理方式，都要遵循必要的程序要求。

（一）被告人主张反悔的程序性要求

刑事案件审判程序包括开庭、法庭调查、法庭辩论、被告人最后陈述、评议和宣判五个阶段，被告人提出反悔的时间限于最后陈述结束前。因为在此阶段，法官对案件事实的认知处于逐渐清晰的状态，被告人的诉讼境遇是悬而未决的。当进入评议和宣判阶段后，法官会对案件事实形成心证，并将据此得出的结论以书面形式表述出来，最终作出刑事判决。被告人对认罪认罚的反悔是影响法官裁判结论的重要情节，如果在法官心证形成后被告人反悔，会影响法官对已认定事实的认知。因此，被告人主张反悔的时间要限制在法官心证形成之前，即最后陈述结束前方为妥当。

为引导被告人理性反悔，法官和律师要进行风险告知。很多案件中，被告人提出反悔往往是不讨好的，尤其在不要求理由的情况下，反悔可能更具有随意性。为防止被告人一时意气用事，白白地失去量刑从宽的机会，法官在被告人表达反悔意愿后，要说明反悔对其重大不利之处，在告知利害关系后被告人依然反悔的，法官才能进行相应的程序处理。另外，还要进一步发挥律师的作用。2017年10月，最高人民法院和司法部联合发布了《关于开展刑事案件律师辩护全覆盖试点工作的办法》，着重强调了被告人应当获得律师的专业帮助。被告人产生意欲反悔的想法后，受掌握信息有限性的影响，他们对反悔理由的正当性、表达的规范性或可能产生的法律后果不易有清晰的把握，这就需要律师发挥作用，从专业的角度对潜在的诉讼风险加以分析。笔者认为，形式上律师要签署相应的格式文书，表示其与被告人已经就认罪认罚反悔问题进行沟通并提出意见，以此作为被告人反悔的充要条件。即便是被告人当庭反悔的案件，法官也要给予律师和被告人交流的机会。律师的专业意见有助于被告人选择最佳的诉讼方案，减少无正当理由反悔的发生。

（二）法官转换审判程序之例外

犯罪嫌疑人签署认罪认罚具结书时，需要在普通程序、简易程序和速裁程序中选择本案适用的审判程序。被告人在认罪认罚后表示反悔，意味着其不愿继续受到认罪认罚具结书的约束，当被告人最初选择速裁程序或简易程序时，法官需要将案件转换为其他的审判程序重新审理。值得注意的是，根据被告人的反悔内容，可将其进一步分为认罪的反悔、认罚的反悔、选择审判程序的反悔。当被告人对认罚方面提出反悔时，反悔的理由可能是检察机关提出的量刑建议明显不当，或是量刑建议与认罪认罚具结书不符。根据《刑事诉讼法》第201条第2款之规定，在认罪认罚案件中，被告人、辩护人有权对量刑建议提出异议，人民检察院有权在辩方提出异议后选择调整量刑建议。当被告人发现检察机关提出的量刑建议存在问题时，对认罚的反悔实则是对检察机关过错行为的异议；如果检察机关发现量刑建议有不当之处，并愿意当庭调整量刑建议，说明认罪认罚从宽制度还有继续适用之可能，法官就无需转换审判程序。

将此种情形视为法官转换审判程序之例外有三方面的考量。首先，法官要注意对被告人权利的保护。被告人只是对认罚提出反悔，说明其依然愿意认罪，仅对控方的量刑建议表示不满。一旦转换审判程序，被告人就不会获得实体和程序方面的宽缓待遇，若反悔行为是由检察机关的不当诉讼行为所导致，最终由被告人承担诉讼境遇恶化的结果是不公平的。其次，转换审判程序应是处理被告人反悔的最后策略。认罪认罚从宽制度承载着节约司法成本、优化诉讼资源的效率价值。若人民法院不分个案情形地转换程序，就会使之前所做的工作功亏一篑，影响提升司法效率这一价值目标的实现。所以说，只有控辩双方对认罪认罚存在严重分歧，且这种意见对立难以调和时，人民法院才需径自转换审判程序。在认罪认罚的合意还有重新达成之可能时，人民法院要将转换审判程序作为最后的处理方案。最后，注重被告人主体地位的体现。刑事诉讼法对检察机关办理认罪认罚案件设置各项程序性要求，就是为防止犯罪嫌疑人的合法权益受到侵害，保障认罪认罚的自愿性。如果在检察机关调整量刑建议后，被告人表示愿意接受，说明被告人的权益获得保障，认罪认罚从宽制度的立法目的依然能够实现。被告人居于诉讼主体地位，有权依法行使己方享有的诉讼权利，并以积极的行为去影响刑事诉讼的进程，在被告人重新表示愿意认罪认罚的情况下，法院应尊重这种程序选择。

三、被告人反悔后有罪供述的证据资格

犯罪嫌疑人、被告人供述和辩解是我国法定的证据种类之一，被追诉人认罪认罚会为侦控机关收集有罪供述带来便利，这些有罪供述也会成为检察机关对其指控的证据。关于被告人反悔后有罪供述的证据资格，现有法律和有关司法解释还没有正面回应。鉴于有罪供述形成时间的多样性和反悔原因的复杂性，有罪供述的证据资格也要根据具体情况去分析。

（一）有罪供述证据资格的观点批驳

目前，对于反悔后有罪供述如何使用的讨论，理论界和实务界大体形成四种具有代表性的观点。这些观点均未注意到侦查阶段与审查起诉阶段有罪供述自愿性要求的区别，含混地将两者一并讨论。

其一，继续使用认罪认罚获得的口供，特定情况下可以在量刑方面适度从轻。这种观点认为被告人先前之供述应被继续采纳，如果公权力对被告人反悔负有一定责任，可在量刑时予以适度补偿。[1]该观点与我国实践中的常态做法具有一致性。有学者在调研后发现实践中形成不约而同的范式是："不浪费证据，被追诉人反悔之前所搜集的证据在此后的诉讼过程中使用几乎不受限制。"[2] 这样做的直接后果是：只要被告人认罪，无论日后因何种缘由反悔，曾经的有罪供述依然会成为指控证据。即使转为普通程序审理，实际上只是将案件"原封不动"地转移过来，法官接触的证据不会有任何变化，被告人寻求救济的主张反而会使诉讼境遇恶化。受此影响，办案人员很可能产生"只追求证据，不注重过程"的想法，即只要获得有罪供述就有永久"保质期"，哪怕被追诉人反悔，也无须担心口供的证据资格，取证时的程序性违法行为就可能出现。在负面效应明显的情况下，这种做法显然是不可取的。有学者在论证时提到《最高人民法院关于适用〈中华人民共和国刑事诉讼法〉的解释》第 96 条第 2 款的规定，并用该条款去说明反悔后继续使用先前口供，符合我国刑事司法传统，进而证成观点的合理性。笔者认为，这种论证没有注意到认罪后反悔与一般翻供行为之间的本质差异。翻供中的"供"是被告人对实施犯罪行为的自认，这是行为人单方面的表述。认罪认罚案件中，犯罪嫌疑人、被告人的认罪答辩是诉讼合意的一

---

[1] 秦宗文：《认罪认罚案件被追诉人反悔问题研究》，载《内蒙古社会科学》2019 年第 3 期，第 130 页。

[2] 马明亮，张宏宇：《认罪认罚从宽制度中被追诉人反悔问题研究》，载《中国人民公安大学学报》（社会科学版）2018 年第 4 期，第 98 页。

部分，行为人的认罪和反悔都会受到公权力的影响。在认罪认罚程序中，被告人因权力机关的过错选择撤回认罪认罚的承诺，是有可能发生的。所以说，被告人认罪后反悔的处理方式，与一般的翻供行为有实质性区别。

另外，以刑罚减让的方式弥补司法机关的程序性违法，这种实体补偿程序的观点是值得商榷的。根据罪刑法定原则，对犯罪分子施以刑罚必须严格遵循刑法预先设定的“价目表”，且刑罚的种类、数量和执行方式，要与犯罪行为造成的损害程度和犯罪分子的社会危险性相适应。程序性违法最终导致实体减轻，与传统刑罚理论有冲突。而且，为修补程序性违法造成的损害，在程序内部有办案机关加以补正、重新进行诉讼行为、法官宣告有罪供述无效等方式可供选择。既然存在能够恢复程序公正的程序性手段，采用实体减轻的方式是没有必要的。

其二，先前有罪供述不能作为被告人认罪依据，但可用作认定案件事实的“辅助证据”。

官方提供的人民检察院办理认罪认罚案件参考使用的认罪认罚从宽制度告知书的格式文本中，涉及被告人反悔后在先的有罪供述的效力问题。该格式文本第7条：“犯罪嫌疑人、被告人撤回《认罪认罚具结书》后，犯罪嫌疑人、被告人已签署过的《认罪认罚具结书》不能作为本人认罪认罚的依据，但仍可能作为其曾作有罪供述的证据，由人民法院结合其他证据对本案事实进行认定。”❶ 由此可知，被告人在先的有罪供述作为“辅助证据”出现在案卷中，依然有可能对法官的心证产生影响。被告人曾经认罪的事实会使法官在潜意识里形成不利于被告人的预判，这种负面效应是难以避免的。更何况，认罪认罚从宽制度告知书没有考虑到被告人反悔原因的多样性，不当之处是显而易见的。

❶ 胡云腾：《认罪认罚从宽制度的理解与适用》，人民法院出版社2018年版，第126－127页。

其三，排除被告人的有罪供述，不将其作为指控被告人有罪的证据。这种观点注重被告人权利的保护，能够有效防止认罪认罚从宽制度在实践中被异化为套取被追诉人有罪供述的工具，充分保障被追诉人认罪认罚的自愿性。但是，提出者没有考虑到被告人无正当理由反悔对诉讼进程产生的消极影响。如果无正当理由反悔后有罪供述随之失效，就会变相鼓励被告人毫无顾虑地违背认罪认罚允诺，这会背离认罪认罚从宽制度的立法初衷。

其四，反悔后的有罪供述以排除适用为主、有限适用为辅为规则，即公权力一方在认罪认罚程序中存在过错时，要否定先前认罪供述的证据资格；被告人反悔缺乏正当和合理依据的，允许控方将先前有罪供述以“弹劾证据”形式出示。[1] 与上述观点不同的是，这种观点注意到被告人反悔情况的复杂性，并根据具体情况确定差别化的适用规则。不过，排除适用和有限适用只是对应两类情形，弹劾证据的特点和庭审调查的内容决定着排除适用和有限适用不会有明显的主次之分。弹劾证据是用来削弱当庭供述和证人证言证明力的证据，主要作用是降低对方出示证据的可信性。在法庭调查时，控辩双方需对案件事实发表意见，被告人不可避免地要提及与先前有罪供述相关的内容，在此之后，检察官出示弹劾证据是理所当然的。当弹劾证据经常出现在法庭上，再去强调排除适用和有限适用的主次关系会有失妥当。而且，有罪供述会对法官心证产生何种影响本就是难以预测的。控方将被告人的有罪供述作为弹劾证据在庭审时出示，可能会加深法官对被告人的有罪预判，这会超出弹劾证据的原有功能。

（二）有罪供述证据资格的二元化规则

纵观理论界和实务界的几种观点，其都存在明显的不足之处，

---

[1] 田力男、杨振媛：《认罪认罚反悔后有罪供述适用问题探究——以“司法契约”理论下有罪供述撤回为切入点》，载《公安学研究》2019 年第 4 期，第 87 – 88 页。

进而导致很难妥善解决被告人反悔后有罪供述证据资格的问题。探讨被告人反悔后有罪供述的证据资格，首先要解决有罪供述的范畴问题。当被告人以认罪自愿性不足为由主张反悔后，有罪供述的证据资格能否及于侦查机关讯问时所作的供述，还需要更细致的讨论。根据讯问主体，被告人的有罪供述可被细化为接受侦查人员讯问时的供述和向检察机关认罪具结的供述，法律对两种供述的自愿性要求是不同的。刑事诉讼法规定犯罪嫌疑人应当如实回答侦查人员的提问，将如实供述规定为犯罪嫌疑人的法定义务，意味着讯问时有罪供述自愿性的要求是不高的。侦查机关的讯问活动往往是与拘传、拘留、逮捕等强制措施叠加的，当人身自由受到限制后，犯罪嫌疑人的内心会受到外部环境的压力，这种带有强制性的讯问主要目的是让犯罪嫌疑人承认自己的罪行，在这种情况下，自愿性的削弱是显而易见的。法律要求侦查人员在讯问时应向犯罪嫌疑人告知如实供述自己罪行可以从宽处理和认罪认罚的法律规定，但是，在不能保障律师参与的情况下，这种劝告性告知很难保证犯罪嫌疑人供述的自愿性。

与之不同的是，犯罪嫌疑人在审查起诉阶段的认罪具结要以律师的有效参与为前提，犯罪嫌疑人能够在律师的帮助下对是否认罪做出选择，自愿性是法律对犯罪嫌疑人认罪认罚的最基本要求。在法律允许侦查人员强制性讯问的情况下，侦查阶段犯罪嫌疑人的有罪供述依然有可能因反悔行为否定证据资格。从被告人权利保护角度来说，如果不能据此否定讯问时有罪供述的证据资格，反悔行为对被告人是有百害而无一利的。被告人在反悔后只会恶化其诉讼境遇，允许被告人有正当理由的反悔将会失去意义。尽管侦查阶段的强制讯问是合法的，但并不能说明犯罪嫌疑人在接受讯问时的有罪供述是非自愿的。犯罪嫌疑人在审查起诉阶段签署认罪认罚具结书，说明侦查阶段有罪供述的自愿性已经得到书面化确认。如果被告人能够提交证据推翻认罪的自愿性，之前所有的有罪供述均失去证据资格就不难被理解。

针对被告人反悔后有罪供述的证据资格问题，笔者认为要以反悔原因为据，构建绝对排除与继续适用相结合的二元化有罪供述适用规则。被告人在具有正当理由的情况下提出反悔，法官确认反悔理由成立的，立法应采取绝对排除规则，被告人有罪供述不得继续用于指控犯罪，以此体现对案件客观真实的尊重，同时突出对被告人的权利保护。被告人在没有实施犯罪行为的情况下作出的有罪供述，不符合证据真实性的要求，自然应予以排除。被告人认罪认罚的自愿性阙如，相当于动摇了认罪认罚从宽制度的根基，当认罪认罚行为归于无效后，被告人曾作出的有罪供述应被视为自始不存在。控方的过错导致被告人权利受到侵害，被告人自然期待恢复正常的诉讼状态，消除办案机关过错行为对己方产生的消极影响。因检察机关不当的诉讼行为，控辩双方达成的诉讼契约不能继续履行后，检察机关自然不能将被告人的有罪供述用于犯罪的指控。只有有罪供述的证据资格被否定，法官才不会对其投以关注的目光，被告人亦无需担心会受到有罪预判的影响。当被告人寻求救济后获得及时有效的回应，其诉讼权利会得到保障。绝对排除会倒逼侦控机关自觉规范诉讼行为，并全方面搜集证据。

受到“口供至上”惯性思路的影响，办案人员难免会对口供有特殊的“情结”。在被告人撤回有罪答辩后，他们不想、不愿、不舍得放弃，即使不能作为定案的实质证据，也要想方设法地令其发挥作用。被告人反悔之前的有罪供述能否继续适用，反映出发现真相、惩罚犯罪与诉讼权利保障之间的价值博弈，这正是司法机关的“纠结”所在。如果侦控机关办理案件时全面搜集各类证据，将取证的中心由犯罪嫌疑人供述转向实物证据和其他言词证据，即可实现“由供到证”向“由证到供”的转变。当间接证据组成完整的证据链，同样可以成功追诉犯罪，而没有必要对口供格外看中。此外，有罪供述证据能力的禁止，相当于侦控机关因违反法定程序受到程序性制裁，客观上会督促办案人员严格按照法定程序办理案件，避免因单纯追求司法效率的提高而罔顾办案质量，忽视应履行的法定职责和被追诉人的真实意愿等行为的发生。

被告人无正当理由反悔的，应采取继续适用的规则，先前的有罪供述依然可以作为定罪证据。防止被告人无正当理由反悔，有必要从反悔的法律后果方面加以约束，这样能够警示被告人自觉规范诉讼行为，减少无正当理由反悔行为的发生。当被告人意识到，在不能推翻原有供述的情况下，恶意反悔只会恶化诉讼境遇，他们更可能会选择继续信守认罪认罚允诺，以此降低司法效率受到损害和诉讼活动被无故拖延的可能。笔者提出的二元化适用方案，既能有效回应被告人正当反悔与无正当理由反悔处遇的差别性，同时在两种处理方式之间能够划定明显界限，避免司法机关对适用有罪供述欲罢还休的"暧昧"状态，最大限度地实现保护被告人合法权益与维护诉讼效益之间的兼容。

四、被告人上诉的程序处理

我国刑事诉讼法没有将认罪认罚从宽制度作为一项单独的特别程序加以规定，而是将各个条款分散地融入刑事诉讼各个环节。立法者在嵌入式编排法律规定的同时，没有考虑到认罪认罚从宽案件与第二审程序存在交集的情形，这就为认罪认罚案件在第二审阶段的处理留下立法空白。实际上，认罪认罚从宽案件中被告人对第一审判决提出上诉的情况，在实践中已多次发生。由于我国刑事诉讼法奉行无因上诉制度，提起上诉不会受到理由的限制。被告人上诉后，第二审程序会随之启动，客观上会增加法院为审结案件所消耗的时间和人力成本，尤其是被告人欲利用上诉不加刑原则谋求认罪认罚之外的从宽，或是只为延长判决执行前的先行羁押时间避免送监服刑，这样的上诉行为会严重损害认罪认罚从宽制度的效率价值。上诉权是被告人享有的法定权利，我国的认罪认罚从宽制度并未限制被告人行使上诉权。认罪认罚案件被告人上诉后的应对机制，既要发挥第二审程序的纠错功能，又要避免被告人因无正当理由反悔获得利益。

（一）"抗诉后加刑"存在的问题

认罪认罚的被告人有违司法诚信提起上诉，给检察院和法院提出了比较棘手且必须妥善解决的问题。在 2019 年 8 月全国检察机关刑事检察工作会议上，最高人民检察院对这一问题的处理方式提出相对明确的意见。"对检察机关提出精准量刑建议，法院采纳后被告人无正当理由上诉的，原则上应当提出抗诉。"[1] 通过抗诉的方式，检察机关可以引导被告人树立司法诚信意识，自觉尊重认罪认罚承诺，同时警示想要恶意上诉的被告人不要抱有投机心理，促进认罪认罚从宽制度的良性运行。"抗诉后加刑"缘于我国司法机关处理被告人无正当理由上诉行为的探索，取得的成效是有目共睹的。但是，若将其置于规范层面，还存在很多不容忽视的问题。

其一，检察机关抗诉于法无据。我国《刑事诉讼法》第 228 条规定了人民检察院提出抗诉的条件，即"地方各级人民检察院认为本级人民法院第一审的判决、裁定确有错误"。第一审法院在审理案件过程中，被告人符合认罪认罚从宽制度的适用条件，法官在认定案件事实的基础上，接受检察机关的量刑建议作出判决，不存在事实认定或法律适用的错误。在第一审判决没有错误的情况下，检察院提起抗诉显然缺乏法律依据。

其二，检察机关的抗诉行为与抗诉权的属性不符。检察机关抗诉的目的是促使法院纠正裁判错误，保证法律的正确实施，这是检察院履行法律监督职能的应有之义。根据宪法和刑事诉讼法规定，人民检察院是我国的法律监督机关，有权对刑事诉讼实行法律监督。检察院向法院提起抗诉是审判监督的一种方式，刑事抗诉权是法律监督权的细化权力。在审判监督活动中，检察院抗诉的对象应是确有错误的判决书，而非被告人有违司法诚信的行为，此种类型的抗

---

[1] 苗生明：《认罪认罚反悔后的评价与处理》，载《检察日报》2020 年 2 月 20 日，第 3 版。

诉与刑事诉讼理论意义上的抗诉有着明显区别。正因如此，对于有学者提出“为了适用认罪认罚从宽制度的需要，建议刑事诉讼法对抗诉的事由作相应的补充完善”❶ 的观点，笔者不敢苟同。

其三，“抗诉后加刑”会存在期间方面的现实障碍。检察院在一审判决宣告后往往会“按兵不动”，只要被告人上诉，检察院就会据此提出“跟进式”抗诉。被告人上诉和检察院抗诉都要符合法定期限的要求，如果法院将判决书送达被告人的时间晚于送达到检察院的时间，抗诉期会比上诉期先届满，在抗诉期届满后，即使被告人提出上诉，检察院也无法向法院抗诉。而且，被告人上诉后，上诉状要由法院送交检察院，检察院知晓被告人上诉的时间要比被告人提起上诉的时间晚一些。有学者在调研时发现，为保证检察院能够在法定期间内抗诉，有的法院会注意送达判决书的顺序，人为地控制抗诉期间和上诉期间的起算点。如法院在送达判决书、裁定书时，会采取向检察院送达比向被告人送达晚5日的办法，这样检察院就有时间决定是否抗诉。❷

（二）认罪认罚案件有因上诉的合理性

针对实践中认罪认罚案件被告人无正当理由上诉的问题，与其在第二审程序启动后避免被告人获得不正当利益，不妨实行有因上诉制度，被告人提出上诉时要负担说明义务，在上诉状内时附加具体而明确的理由，法院在形式性审查上诉理由后决定是否启动上诉审程序。与无因上诉相比，有因上诉虽然给被告人设置了上诉理由的门槛，但在被告人说明正当性理由后，依然有机会获得上一级法院的救济。这样既能减少无正当理由的上诉行为，维护一审裁判的安定性，又可引导被告人合理运用上诉权。

---

❶ 朱孝清：《如何对待被追诉人签署认罪认罚具结书后反悔》，载《检察日报》2019年8月28日，第3版。

❷ 王洋：《认罪认罚从宽案件上诉问题研究》，载《中国政法大学学报》2019年第2期，第117页。

与我国刑事诉讼法奉行无因上诉不同，认罪认罚案件实行有因上诉与其特殊性密切相关。

一方面，认罪认罚案件对被追诉人有着司法诚信要求。与一般的刑事案件不同，认罪认罚案件的裁判结论缘于控辩双方的合意，认罪认罚具结书会载明检察机关指控的犯罪事实和向法院提出的量刑建议，签署具结书说明被追诉人已经知晓并接受这些内容，其后续的诉讼行为要受到具结书的约束。认罪认罚具结书以书面形式对控辩双方合意的内容加以固定，严格遵守并勤勉履行契约内容是契约精神对缔约主体的基本要求。“既然认罪认罚从宽制度是一种合作式刑事司法，那么认罪认罚从宽协议就体现着合意、互利、互相约束的契约观念，协议的履行既提高了诉讼效率，又维护了司法权威。”[1] 人民法院按照具结书内容定罪处刑后，被告人无正当理由上诉是对认罪认罚承诺的单方面否定，这样的行为既是对契约精神的破坏，同时严重违背司法诚信原则。有因上诉能够帮助法院发现识别滥用上诉权的行为，将无正当理由的上诉及时“屏蔽”。

另一方面，有因上诉的筛选过滤功能满足认罪认罚从宽制度对提高诉讼效率、节约诉讼资源的要求。“完善认罪认罚从宽制度的目的即在于确保司法公正的前提下，实现诉讼的集约化和经济性。”[2] 适用速裁程序要以被告人认罪认罚为基本条件，两者的衔接能够体现出立法者希冀通过认罪认罚从宽制度起到为刑事诉讼提速的积极作用。如果被告人在认罪认罚后提出上诉，就会将案件拖入第二审程序，认罪认罚从宽制度追求的效率价值就很难实现。但是，以效率为由完全褫夺被告人的上诉权是缺乏正当性的，有针对性地选择上诉的正当理由就显得十分必要。有学者根据“北大法宝”数据库对认罪认罚案件的上诉理由及第二审结果进行过统计，自 2017 年 9

---

[1] 宋善铭：《认罪认罚从宽制度典型样态运行的实证分析——以浙江省实践为例》，载《河北法学》2017 年第 10 期，第 116 页。

[2] 董坤：《认罪认罚从宽案件中留所上诉问题研究》，载《内蒙古社会科学》2019 年第 3 期，第 119 页。

月至2019年8月，全国各地中级人民法院处理的刑事二审案件中，被告人只是以量刑过重为由提出上诉，或是重复强调案件既有情节，提出不重要的酌定量刑情节的案件占总数的79.89%，这些案件得到改判的比例仅有4.05%。可以看出，在认罪认罚案件中，被告人很少能够提出实质性的上诉理由，这些上诉最终引起判决内容变更的可能性极低。[1] 在被告人不能提出新的事实或理由，又没有新的证据进入第二审法院视野的情况下，第二审法院只是对现有的诉讼材料进行重复审查，这必然会造成审判资源的浪费。如果对认罪认罚案件实行有因上诉，大多数案件将不会进入第二审程序，这必将有助于司法资源的优化配置和诉讼提速目标的实现。

（三）认罪认罚案件上诉程序的特别设计

有因上诉会涉及被告人上诉理由的审查，仅就认罪认罚案件的特殊性而言，除非认罪认罚的正当性要件缺失，例如认罪认罚的真实性或自愿性不足，人民法院不应启动第二审程序。这是因为，第一审程序中，被告人的反悔几乎不会受到限制。在有充分的时间和机会表达意愿的情况下，被告人未提出反悔，说明其愿意受到认罪允诺的约束。从诉讼效率角度考虑，第一审程序终结后，被告人就不能再以反悔为由提出上诉。需要强调的是，第一审法院无法定理由不采纳量刑建议，且判处更重刑罚的情况还值得特别注意。认罪认罚具结书的签署和履行是追诉活动的一个环节，最终定罪量刑的结果要由人民法院决定。人民法院是专门行使定罪权和刑罚权的司法机关，具结书内容的司法审查是在审判活动中完成的。根据《刑事诉讼法》第201条第1款之规定，人民法院一般应采纳人民检察

---

[1] 牟绿叶：《我国刑事上诉制度多元化的建构路径——以认罪认罚案件为切入点》，载《法学研究》2020年第2期，第121－122页。

院的量刑建议。[1] 当控辩双方对定罪处刑形成一致意见且符合法律规定时，法官接受量刑建议是对控辩双方合意的尊重。正是由于在一般情况下，量刑建议能够被法官采纳，犯罪嫌疑人才能减少认罪认罚后不能从宽的担忧。另外，犯罪嫌疑人对具结书内容充满信心，自然会更愿意表示认罪认罚的意愿。法官无故拒绝采纳量刑建议，说明认罪认罚具结书的内容没有实现。被告人以此为由提出上诉是想提醒法院认罪认罚具结书的存在，希望上级法院能纠正判决错误，按照量刑建议判处刑罚。被告人主观上是想要遵守而非违反认罪认罚具结书，此种类型的上诉行为应当引起第二审程序的启动。

被告人在提出上诉时，应当得到律师的有效帮助。认罪认罚案件实行有因上诉，会增加被告人上诉的难度，很多被告人没有经过专业的法学教育，不知晓何种理由能够引起第二审程序，也不知道自己如何表述上诉理由，这就需要律师提供帮助。在我国，被告人委托辩护律师的案件数不足总数的三成，[2] 这还包括被告人只在审判阶段委托辩护律师的情况，换言之，超过七成的犯罪嫌疑人是没有辩护律师的。他们若想获得专业帮助，只能依靠值班律师。我国《刑事诉讼法》第36条将值班律师制度规范化，在看守所羁押的被告人有权获得值班律师的帮助。在第一审与第二审程序的衔接环节，律师向被告人提供法律专业方面的咨询和协助必不可少。当被告人提出上诉意向后，值班律师可以判断被告人是否符合有因上诉的条件，并在被告人决定上诉后，协助其准备上诉材料。在上诉书内清

[1] 《刑事诉讼法》第201条第1款："对于认罪认罚案件，人民法院依法作出判决时，一般应当采纳人民检察院指控的罪名和量刑建议，但有下列情形的除外：（一）被告人的行为不构成犯罪或者不应当追究其刑事责任的；（二）被告人违背意愿认罪认罚的；（三）被告人否认指控的犯罪事实的；（四）起诉指控的罪名与审理认定的罪名不一致的；（五）其他可能影响公正审判的情形。"

[2] 截至2020年5月，中国裁判文书网上传刑事判决书6168511篇，有辩护律师参与的案件判决书1651913篇。数据来源自中国裁判文书网：http：//wenshu. court. gov. cn/website/wenshu/181217 BMTKHNT2W0/index. html? pageId = 16702da03bb3821ae6980fd4fae44 604&s8 = 02，2020年6月1日访问。

楚地叙述上诉理由，既有助于被告人有效行使上诉权，又能使人民法院获得准确的案件信息。

被告人主张上诉行为具备正当理由时，要提供相应的线索或证据。鉴于被告人取证能力较弱，证明材料只需达到优势证据标准即可。人民法院有权根据被告人提供的线索进行调查，确认上诉理由是否符合正当性要求。根据刑事诉讼法规定，被告人上诉既可通过原审人民法院提出，亦可通过第二审法院提出。笔者认为，上诉理由的审查主体应是第二审法院。被告人上诉的正当理由包括第一审存在问题，若由第一审法院自我审查，可能会影响审查结果的公正性。而且，上下级法院之间本就是监督与被监督关系，第二审法院行使审查权是其履行监督职能的体现。如果被告人不能提出证据，或是证据的证明力不足，第二审法院有权驳回上诉，不再启动第二审程序。

根据《刑事诉讼法》第236条第1款的规定，人民法院启动第二审程序后的处理方式包括维持原判、依法改判和撤销原判，发回原审人民法院重新审判。对于认罪认罚的上诉案件，第二审法院经审理后认为原判决认定事实和适用法律正确、量刑适当的，应当裁定驳回上诉，维持原判。对于第一审存在违反法定诉讼程序的情形，第二审法院要按照《刑事诉讼法》第238条之规定，裁定撤销原判，发回重审。原判决存在实体错误的，第二审法院要判断该错误是否动摇原判决的事实依据，进而区别处理。如果被告人的认罪认罚缺乏事实基础，或是不具备自愿性要件，说明原审人民法院对被告人有认罪认罚表现的认定有误，这种错误认定会直接影响判决的事实依据，故第二审法院应裁定撤销原判，发回重审；若是原判决认定事实没有错误，但适用法律有错误，或者量刑不当的，第二审法院应直接依法改判。

第二审程序撤销原判，发回重审的案件，不允许被告人提出附带反悔。根据《刑事诉讼法》第236条第1款第3项和第238条之规定，当被告人仅就原判决的事实或者证据问题提出上诉，以及第二审法院发现第一审法院的审理活动违反法定诉讼程序时，有权撤销原判，发回原审法院重新审判。当案件回转到原审法院重新审理时，被告人不得主张反悔。尽管案件发回后依然按照第一审程序审理，其与通常情况下第一审程序存在本质差别。发回重审是在第二审法院裁定的结果，既然第二审程序不允许被告人反悔，重审程序的反悔亦应被禁止。

The Procedural Response of the Defendant's Repentance in the Case of Guilty Plea and Accepting Punishment

Wang Chong

Abstract: It is common for the defendant's repentance in the case of guilty plea and accepting punishment. Based on the real motivation of the repentance, the coping mechanism of the judicial organs must be different. Before the end of the final statement, the defendant can claim to repent for any reason, and the judge and lawyer should bear the responsibility of risk disclosure. If the defendant's repentance only about accepting punishment, the judge does not need to change the trial procedure when the procuratorial organ is willing to adjust the sentencing proposal. The evidence qualification of the confession made by the defendant when he pleads guilty is directly related to the justification for the repentance. For the defendant's appeal behavior without justifiable reasons, the protest of the procuratorial organ is not based on the law, but also inconsistent with the nature of the right of protest. It is more appropriate to limit the malicious act of repentance by means of appeal with cause in the case of guilty plea and accepting punishment. After the procedure of the second instance is remanded for retrial, the defendant can not put forward the incidental repentance.

Key Words: guilty plea and accepting punishment; repentance; evidence qualification; appeal with cause

【比较法视野】

美国司法上的管制性征收制度及其中国意义

佟彤*

内容摘要：美国司法上的管制性征收制度并非宽泛地探讨“财产权特别牺牲”问题，而是侧重在实质、可操作的认定标准上，精细化地厘定财产权不同程度的限制及其界限。本文通过对“实质促进”标准在管制性征收认定中的可适用性问题、裁量性土地利用管制中“本质联系和合理比例”标准的适用范围问题以及管制性征收是否应与正式征收一体适用被征收财产权补偿时点确定标准问题的裁判和理论观点阐释，为我国在实体和程序规则层面构建管制性征收制度提供具体的路径指引。管制性征收作为财产权限制的一般性问题，其借鉴意义不限于司法视角的案件裁判标准择取这一方法论场域，而且能够在立法视角为不动产特别是土地管制中的私权限制及补偿提供规范基础。

关键词：管制性征收　财产权限制　实质促进　本质联系及合

---

* 佟彤，东北大学文法学院讲师，研究方向：物权法、土地法。

理比例　补偿时点

一、引　言

管制性征收作为不动产权利的限制行为，虽然不改变权利人的权利状态，但可能会极大地限制不动产的利用效益。在我国，广泛存在因政府管制而对公民财产权过度限制的管制性征收现象。例如，南水北调中水源区保护对居民财产权的限制、铁路运输安全距离内的土地使用限制、城市规划中推行的街区制改革对业主建筑物区分所有权的侵犯、永久基本农田保护需求对农户土地用益物权的行使限制、采矿权等自然资源开发中的公法性约束等，其中部分争议已进入司法实践。[1] 但因这类对不动产权利造成重大影响的行为在我国尚未进入法律制度调整范畴，导致公民财产权法律保障的不充分。

综观世界主要国家，美国在管制性征收这一问题上形成了较为完善的学说体系和较为成熟的司法实践做法。自1922年马洪案判决正式提出管制性征收问题以来，以认定标准为主线，管制性征收制度经历了理论初创、认定标准具体化、范围扩展以及正当性审查这四个主要发展阶段。[2] 以典型司法判例的剖析和解读为核心，美国理论界对管制性征收司法审判中的价值基础、方法论指引等进行了系统的研究。在我国，管制性征收的研究以不同的概念形式出现，包括管理性征收、准征收、规制性征收、反向征收、财产权的非征收性限制。当前我国学者对于美国司法上管制性征收制度的研究略显不足：一方面，既有研究集中在制度史的沿革梳理上，主要包括管

[1] 相关案件可参见：重庆市第五中级人民法院（2009）渝05行初字第73号行政判决书；广东省高级人民法院（2013）粤高法行终字第711号行政判决书；安徽省黄山市黄山区人民法院（2014）黄行初字第00002号行政判决书等。

[2] 彭涛：《美国管制性征收法律制度简史及启示》，载《西北大学学报》（哲学社会科学版）2015年第3期，第100页。

制性征收案件的起源及发展、典型案例中认定标准的阐释，并以认定标准的类型化总结为重心。[1] 因学者的研究集中在认定标准的粗线条介绍，导致学者之间的研究基本相互覆盖，并形成共识。但是，美国联邦最高法院形成的各个标准如同数学公式般高度凝练，在具体适用中往往存在巨大张力，各个认定标准的内部争议问题并未得到进一步的深入挖掘。另一方面，管制性征收与正式征收制度间的对照性研究不足。例如，对管制性征收案件蕴含的补偿时点这一特有问题、对管制性征收案件中排除“实质促进”标准的适用对正式征收制度的回射作用等缺乏足够关注。通过代表性司法案例及学说理论中的争议性观点选取及研究可以发现，美国法院的判决很少从“财产权的特别牺牲”这个角度来讨论管制性征收问题，而是侧重在实质、可操作的认定标准上，精细化地厘定并区分财产权不同程度的限制及其界限。这对于构建我国的管制性征收制度及明确其适用界限具有重要的借鉴意义。鉴于此，本文在既有研究的基础上拟从以下三方面进一步探讨如下争议问题：第一，作为征收实质正当程序的“实质促进”标准（管制行为是否能够促进公共利益的实质提升）能否作为管制性征收的判定标准；第二，裁量性土地利用管制中的“本质联系和合理比例”标准的适用范围；第三，作为管制性征收面临的独特问题，如何确定被征收财产权的价值补偿时点。

---

[1] 代表性研究参见：许迎春：《论美国管制性征收制度及其对我国的启示》，载《法治研究》2019 年第 4 期，第 138 页；彭涛：《美国管制性征收法律制度简史及启示》，载《西北大学学报》（哲学社会科学版）2015 年第 3 期，第 100 页；刘连泰：《确定“管制性征收”的坐标系》，载《法治研究》2014 年第 3 期，第 31 页；邹爱华：《美国土地征收法的新发展及其对我国的启示》，载《现代法学》2013 年第 4 期，第 150 - 159 页；林华、俞祺：《论管制征收的认定标准——以德国、美国学说及判例为中心》，载《行政法学研究》2013 第 4 期，第 127 - 129 页。

二、美国管制性征收的界定及司法认定的特点

（一）美国管制性征收的界定

美国管制性征收的概念界定存在狭义和广义两种方式。从狭义观点来看，政府的管制性行为可能并未永久或暂时地侵占私有财产，而只是对其使用附加一定条件；但这种管制行为对权利人的财产价值造成不利影响，侵害了其对财产利益的预期，产生财产征收的法律效果。这是管制性征收在产生之初的用法。如果政府仅仅规制所有者对其土地的使用，例如，通过制定分区法并实施分区管制行为，在管制性征收司法认定之前，并不构成征收。

然而，美国联邦最高法院对管制性征收采取广义解释，在“林格尔与美国雪佛龙公司案”中，法院系统阐述了政府的管制性行为可能产生征收效果的具体类型。可以发现，除了狭义用法外，管制性征收尚包括：政府对权利人财产的实际侵占，以及完全剥夺权利人对财产的占有、使用、收益等权能的管制。于此，政府管制实际指向私人财产权承受的不同程度的负担，涵盖剥夺和限制两种情况。在征收理论中，广义的管制性征收常被学者通过“反向征收”予以表达。

由此，美国司法实践中对于管制性征收概念界定的观点可以归纳为：管制性征收是指国家运用公权力对私人财产权的限制超过了私人应承受的限度，构成特别牺牲，因此需要依法予以公正补偿的行为。管制行为依其对财产权的侵入性程度，呈现“从公权机关对私人财产权某些权能的过度限制”到“整个权利完全剥夺”的渐进式增强效果。

（二）美国管制性征收司法认定的特点

管制性征收是美国判例法发展出来的制度，管制性征收的司法认定具有以下三个特点。

第一，法律依据上，通过援引《联邦宪法第五修正案》的征收

条款，将其适用范围扩张至对政府管制行为的调整。因此，管制性征收案件的裁判大前提在于对征收条款的扩张解释。《联邦宪法第五修正案》规定："非有公正补偿，不得将私有财产用于公共使用。"从立法原意上，这一条款适用于对财产的正式直接征收而引发的纠纷，而没有考虑管制性征收现象。[1]《联邦宪法第五修正案》的功能在于明确，即使出于公共使用，未经赔偿，财产所有者的土地或货物也不得被直接征收。而财产受到限制的权利人主张政府管制的行为应当被认定为征收的实质，是主张这一行为应当为宪法第五修正案的规范文本所涵摄，进而产生获得赔偿的法律效果。

第二，管制性征收是法院通过司法审判确立的概念，并非制定法上的既定概念。管制性征收从政府的一般性管制行为中能够独立出来，在于司法对权利救济的推动。[2] 依据遵从先例的普通法规则，法院依据先例中确定的管制性征收司法判断标准对政府的管制性行为是否构成可补偿的征收进行认定。

第三，管制性征收案件中审查的管制行为既包括立法机关的立法行为，也包括行政机关的行政行为（包括立法性行政行为）。因政府管制行为具有多样性和复杂性，管制性征收的司法裁判规则并不具有统一性，而是存在多个"认定标准。[3]

三、美国管制性征收司法认定的主要争议问题

（一）"实质促进"作为管制性征收认定标准的质疑

"实质促进"标准的含义是：当政府的一项管制行为不能实质上

---

[1] 房绍坤等：《公益征收法研究》，中国人民大学出版社 2011 年版，第 85 页。

[2] ［美］理查德·A. 艾珀斯坦：《征收——私人财产和征用权》，李昊、刘刚、翟小波译，中国人民法学出版社 2011 年版，第 76 页。

[3] 刘连泰：《确定"管制性征收"的坐标系》，载《法治研究》2014 年第 3 期，第 166 页。

促进正当的公共利益时，则构成管制性征收。“实质促进”标准在20世纪70年代以后被明确引入，在“阿金斯诉提布朗市案”中，联邦最高法院认定：“如果一项管制令给某一宗财产增加负担，却并没有实质性地促进正当的政府利益，就可以构成征收。”❶ 这个标准的引入使得认定管制性征收不再限于管制措施与财产权损害之间的关系。此后，这一标准的可适用性长期存在质疑。直至“林格尔与美国雪佛龙公司案”解决了关于是否将“实质促进”作为征收标准的争论。❷ 通过该案件的裁判，最高法院明确了曾在阿金斯案中确立的“实质促进”标准不应作为管制性征收的判断标准。

林格尔案的基本案情如下：基于市场集中度对汽油零售价格的影响，夏威夷议会通过了第257号法案，该法案限制了石油公司可以向承租其加油站的经销商收取租金的上限。雪佛龙美国公司作为当时夏威夷最大的石油公司之一，依据“实质促进”标准提起诉讼，要求宣布租金上限构成了违反宪法的征收，并禁止对其加油站适用租金上限的规定。地方法院判决支持雪佛龙的诉求，认为“第257号法案没有实质性地推进一个合法的政府利益，它因违反宪法第五和第十四修正案而构成未经补偿的征收行为”。但是，奥康纳大法官代表联邦最高法院系统阐释了“实质促进”标准不应作为管制性征收的判定标准。❸

第一，“实质促进”标准与其他既有的认定标准相互排斥，使得引入该标准后，在管制性征收案件的司法处理上不再具有连贯性和一致性。既有标准均从功能上或实际效果上将管制行为与正式征收进行对比，并通过管制对财产权所施加的负担程度进行判定。依据《联邦宪法第五修正案》的立法意图，政府的以下管制性行为被视为

---

❶ 刘连泰、刘玉姿等：《美国法上的管制性征收》，清华大学出版社2017年版，第54页。

❷ Eagle，Steven J，“Recent Developments in Condemnation Law”，Urban Lawyer，2006，38（4）：1223－1227.

❸ Lingle v. Chevron U. S. A. Inc.，544 U. S. 528（2005）.

征收：（1）政府对权利人财产的永久物理入侵（permanent physical invasion）（洛雷托案）；或者（2）管制行为完全剥夺了权利人对财产享有的所有经济性用益（all economically beneficial use）（卢卡斯案）。除了这两类以及下文讨论的裁量性土地使用征收外，管制性征收的司法判断由“佩恩中央运输公司诉纽约市案”确立。该案确定的管制性征收裁量因素包括管制对权利人的经济影响、它在多大程度上干扰了权利人的投资回报预期以及政府行为的属性特征。由于洛雷托、卢卡斯和佩恩中央运输公司三个案件都旨在确定实际效果上等同于对私有财产的直接侵占的管制性行为，所以聚焦于政府对财产权施加负担的严重性。然而，“实质促进”调查并没有揭示出某项特定管制行为对私有财产权造成的负担大小或性质，也没有揭示出管制性负担是如何在权利人之间分配的。例如，受一项有效地服务于合法公共利益的条例所管制的财产所有人可能与受一项无效条例管制的财产所有人承担同样的负担，而一项无效的规定可能根本不会对财产权造成重大的负担。该规定虽因没有实质促进公共利益的增进而无效，但仅据此认定其构成对私有财产的征收，是没有规范依据的。

第二，《联邦宪法第五修正案》的征收条款，实质上是补偿条款。奥康纳法官指出，征收条款“并不禁止征收私人财产，而是对行使这种权力提出了一个条件”。换言之，它“不是为了限制政府对财产权本身的干涉，而是为了在干涉达到征收的程度时给予补偿”。[1] 尽管学者们对这一制度提出了各种各样的正当化说明，但我们强调它在“阻止政府强迫一些人独自承担公共责任”方面的作用，从公平和正义的角度来看，这些责任应该由公众作为一个整体来承担。相较而言，“实质促进”标准来源于《联邦宪法第十四修正案》的正当程序条款，是实质正当程序的适用要求。阿金斯案中法院没有澄清管制性征收的索赔请求应根据征收条款还是正当程序条款。

[1] Lingle v. Chevron U. S. A. Inc. , 544 U. S. 528 (2005).

“实质促进”标准探究的是，对私有财产的监管作为一种手段，是否能够有效地达到某种合法的公共目的。在正当程序的背景下，这种性质的调查具有一定的逻辑，因为一项不能服务于任何合法政府目标的规定可能是武断或不合理的，以致与正当程序条款相冲突。但是这样的验证并不是一种有效的方法来判断依据第五修正案的意图，私有财产是否已经被征收。

第三，“实质促进”标准是一种“手段—目的”的审查，它本质上是探究私有财产的监管作为一种手段，是否能够有效地达到某种合法的公共目的。但这种审查对于法院而言，无论从司法权的分工还是法院的专业能力来看，都无法胜任。“实质促进”标准可以解读为，要求对私人财产的管制进行更高标准的“手段—目的”审查。这不仅要求法院审查大量的州和联邦法规的效力，而且认为法院应用其预测判断来代替民选立法机构和专家机构的判断。上述案件中，为了解决雪佛龙的索赔要求，地方法院被要求在两名对立经济学家的观点中作出选择，以决定夏威夷的租金控制法规是否有助于防止该州零售汽油市场的集中和超竞争性价格。对此，奥康纳法官批判道：“鉴于我们在应对针对政府监管的实质性正当程序挑战时，长期以来一直避免进行如此严格的审查，起码这种审理程序是非常引人注目的。关于管制行为的必要性和可能的有效性，遵从立法判断的理由现在已经很成熟，我们认为它们在这里同样适用。”❶

总体而言，林格尔案中最高法院对“实质促进”标准进行澄清的贡献在于，明确了正当程序条款和征收条款之间的区隔，且后者是在假定征收权是有效行使的情况下，所独立探讨的补偿问题。征收条款的适用应仅考虑私人财产权承受负担的程度和大小，而不涉及征收权的行使是否符合正当程序的要求。

❶ Lingle v. Chevron U. S. A. Inc. , 544 U. S. 528 (2005).

（二）裁量性土地使用征收中“本质联系和合理比例”标准及其适用争议

在裁量性土地使用征收这一具有特殊背景的土地征收案件中，最高法院通过“诺兰诉加利福尼亚海岸委员会案”和“多兰诉泰格尔市案”形成了相对独立的管制性征收判定标准：“本质联系”（essential nexus）和“合理比例”（roughly proportion）。[1]

诺兰案的基本案情如下：诺兰一家在加州拥有一块临海土地，该土地的南北两边分别存在两处公共海滩区域，在其土地上，存在一栋破败的住房。根据加州法律，诺兰家若想拆除旧房兴建新住宅，必须先取得加州海岸委员会颁发的许可证。依据申请，海岸委员会批准了诺兰一家的兴建计划，但提出了如下条件：诺兰家必须在其土地上设立一项地役权，允许社会公众经过他家靠近海堤且面向大海的那部分土地。诺兰一家认为，海岸委员会为颁发许可证而附加的条件违反了联邦宪法中的征收条款，是对其财产的征收。而海岸委员会则认为，诺兰家新建住宅的行为增加了社会公众使用海滩的成本，其有权要求诺兰家提供一项地役权以抵消前述成本。审理中，斯卡利亚法官所代表的多数意见指出，只有强制捐献与其所满足的合法州利益之间存在本质联系，相关规制才能实质地促进州利益。除非附条件的许可与开发限制服务于同一政府目标，否则该许可条件中的限制就构成征收，而非有效的土地使用管理。

多兰案中，联邦最高法院回答了诺兰案中一个没有解决的问题：强制捐献与计划开发项目所造成的影响之间应当存在何种程度的联系。该案的基本案情如下：多兰在俄勒冈州拥有一家管道电力设备商店，他计划将该商店的面积扩大至原来的两倍，并建设一个拥有

[1] Nollan v. California Coastal Commission, 483 U. S. 825 (1987); Dolan v. City of Tigard, 512 U. S. 374 (1994).

39个车位的停车场。此外，多兰还计划在其拥有的土地上增设一座零售大楼，并提供更多的车位。泰格尔市批准了多兰的申请，但附加的两个条件要求多兰“捐献”10%的土地给该市。其理由是：其一，该项目增加了不能渗水的地面的数量，会使暴雨时流入附近河流的水量增加，因此多兰必须捐献位于河流洪泛区内的部分土地。其二，为了缓解扩建计划可能造成的交通拥堵，多兰还必须捐献一部分土地用于人行道和自行车道。审理中，伦魁斯特法官认为，防洪和减轻交通拥堵都是合法的公共利益，捐献的要求与此存在本质联系。在此基础上，法官进一步分析了联系的程度，他认为《联邦宪法第五修正案》要求必须存在“基本比例”的合理联系。据此标准，泰格尔市并没有说明为何防洪的利益必须由一条公共绿道满足，也没有表明人行道和自行车道与该项目将增加的交通量存在充足的联系。

针对上述判决所确立的“本质联系和合理比例”标准，在“花岗镇诉斯塔福德地产公司案”中，德克萨斯州最高法院进一步探索了其具体适用问题。[1] 该案将“本质联系和合理比例”标准的适用情形扩张至在开发过程中的捐献、建设和征费行为。[2] 这亦引发了这一标准的适用范围争议。

第一，“本质联系和合理比例”标准除了适用于占有性土地侵占这一情形外，是否应扩及适用于支付开发影响费、施加道路改善要求等非占有性捐献以作为准予开发的条件。在诺兰案和多兰案中，这一标准适用于不动产权益转让行为，即“批准土地利用的决定以捐献财产给公众使用为条件”，不适用于非占有性的强制捐献。然而，德州最高法院认为，无论是强制捐献土地还是收取影响费或提出道路改善要求，其均属于对私人财产施加的“开发性苛征”，不存

[1] Texas Municipal League, et al, “Brief of amici curiae. Town of Flower Mound v. Stafford Estates Ltd. P'ship”, 71 S. W. 3d 18 (2003).

[2] Arthur J. Anderson, “Zoning and Land Use”, SMU L. Rev. 2005, (58): 1229.

在本质区别。多兰案裁判标准的两个要点“合法的公共利益与所施加的条件之间必须存在本质联系”，“管制必须大致与对拟议的土地用途所造成的影响成比例”对此适用。进一步地，法院认为这个标准同时适用于准予许可和不予许可两种情形。

与之相反，花岗镇诉请的支持者则认为，改善要求和其他开发费用是一种常见的、成熟的规划工具，旨在帮助社区支付新开发所需的额外公共服务，应当严格限制多兰案裁判标准对开发性苛征行为的适用范围，否则将威胁到这一重要规划工具的持续生存能力。[1]其依据主要在于：其一，这些手段作为政府土地利用规划的具体工具，具有对开发行为进行引导的政策性功能。改善要求和其他开发费用使政府能够确保开发商为扩张带来的更高成本付出公平的份额，并创造激励机制，引导新开发项目回到中心城市和第一圈郊区。[2] 其二，迫使开发商将开发成本内部化。约翰丁．康斯托尼斯（John J. Costonis）认为，美国财产制度偏向于私有产权的最严重后果是，政府对于其在私有土地上创造的价值没有获得补偿。[3] 开发费用迫使开发商将开发成本内部化，从而有利于提高经济效率。其三，宪法上的征收条款只是对政府土地使用控制能力的外部限制，而这种控制有利于公众利益。约翰·G. 斯普兰克林指出，在美国，分区规划调整委员会承担的重要职责就是，当严格适用分区规划法律会给不动产所有人带来严重困难时，批准不动产所有人提出分区规划变更申请和特别例外适用申请。[4] 从行政权和司法权的分权制衡角度，法院的职能分工不应当扩展，即不应该承担分区规划调整委员会的角色。

---

[1] Arthur J. Anderson, “Zoning and Land Use”, SMU L. Rev. 2005, (58): 1229.

[2] Timothy J. Dowling. “Reflections on Urban Sprawl, Smart Growth, and the Fifth A-mendment”, University of Pennsylvania Law Review, 2000, 148 (3): 878.

[3] John J. Costonis, “Development Rights Transfer: An Exploratory Essay”, *The Yale Law Journal*, 1973, 83 (1): 116.

[4] ［美］约翰·G. 斯普兰克林：《美国财产法精解》（第二版），钟书峰译，北京大学出版社2009年版，第592页。

第二，在裁量性行政外，普遍适用的立法性行为是否应当受到审查。诺兰案和多兰案中，德州最高法院没有从开发性苛征行为的直接依据出发，亦没有明确说明多兰标准是否可以适用于立法性管制，而是认为该镇对修建公路的要求是裁决决定的结果。因为该镇事实上行使了它的自由裁量权，拒绝了对立法设定的统一标准的例外要求。对于该标准，行政机关已经在个案的基础上承认其他开发商可存在例外，因此征收的性质是裁决性的。

但是，花岗镇诉请的支持者则主张，对行政机关适用普遍适用的立法规定过程中所实施的“例外”或“豁免”，不应当视为进行裁量性行政。理由在于：其一，针对立法规定的例外或豁免所发生的情形非常少，是为应对特殊情况下僵化适用法律的不公平后果。非常有限的豁免并不会改变普遍适用的道路改善要求的立法特征。其二，差异性处理（例外）和豁免在土地使用法规中扮演的重要角色，是规划过程中的正常部分。虽然立法者可以适当地采用普遍适用的土地使用控制，但如果要维持基本的公平，针对特殊情况的“安全阀规定”（safety - valve provisions）通常是必要的，这实际上主张立法规定本身应免于受到“本质联合和合理比例”标准的审查。

（三）管制性征收中补偿时点的确定争议

征收财产的评估程序是征收补偿程序中的重要构成。程序具有时间和空间的限定功能，通过提供一套参照系、指标或计算公式，起到将实体目标和权利确定化、客观化的效果。[1] 从这一意义上说，对征收财产价值的评估并非仅是技术操作层面的具体手段，而是决定财产权保障水平和程度的重要依据。确定征收的起点对于正式征收和管制性征收的补偿都很重要，因为财产的价值在此期间可能改

---

[1] 程洁：《土地征收征用中的程序失范与重构》，载《法学研究》2006年第1期，第65页。

变。从宪法上讲，公正补偿要求“财产所有人被置于征收没有发生的情况下他或她所处的地位”。公正的赔偿要求不仅保护财产所有人，也保护征收人。为了确定公正的补偿，有必要确定征收补偿的起点——估价日期，以固定财产价值。前已述及，管制性征收案件的司法判断在于谋求与正式征收相同的法律效果——宪法征收条款的扩张适用。但是，这是否意味着管制性征收应当与正式征收适用相同的补偿起点确定方式，不无争议。

在管制性征收案件中，法院最常使用的补偿时点确定标准是：（1）征收人实际占有或侵入土地的日期；（2）开庭日期、传唤日期或者判决日期（统称审判日期）；（3）征收人的行为实质影响土地所有者对其财产用益的日期。

1. 以实际占有或侵入的日期作为估价日期及其适用争议

通常情况下，当财产侵占发生时，法院系依据占有或侵入土地所有者的日期对财产进行估价。原因在于，不同于正式征收，管制性征收中审判日期与征收日期无关，将征收法中的估价日期规则应用于管制性征收行为是不恰当的。在正式征收中，传票日期作为直接征收的估价日具有合理性，因财产估价的时间接近实际占有的时间点，它公平地表示了征收的日期。而管制性征收中，传票日期与征收日期无关。在财产权人提起管制性征收诉讼时，征收机构已经实际占有或侵入财产。由于直接征收与管制性征收在时间上的差异，当财产价值在征收机关进入之日和传票日之间波动时，时机对估价而言至关重要，因为它影响了赔偿的公平性。

然而，瑞奇 J. 纳尔森（Ricky J. Nelson）认为，在管制性征收中使用实际占有日期法或侵入日期法存在如下两个弊端：第一，并非所有的管制性征收都涉及物理入侵——有些是监管性的征收。使用实际占有或侵入的日期不能解释不涉及物理入侵的管制性征收行为，一项良好的估价日期规则应一体适用于各种类型的管制性征收行为，以确保规则的一致性。第二，这种方法本身并不能阻止潜在的征收者作出不诚实的行为。[1] 该学者提出以下假设：某地想要扩建下水道系统，并把自己的管道埋在一个未经开发的沙漠地区。五年后，这片沙漠的权利人试图开发土地时发现了这一事实，其后提起管制性征收诉讼。如果法院依据占有日期或侵入日期进行估值，该地将受益于故意在别人的土地里埋污水管道的不诚信行为。

2. 以审判日期作为估价日期及其适用争议

在美国，许多州不采用占有日期作为估价日期，部分州法院将估价日期确定为审判日期，其主要理由如下。

第一，为统一征收法的适用，将正式征收的估价规则应用于管制性征收诉讼。在美国，有超过一半的州有评估日期法令。其中一些州认为，因管制性征收程序与正式征收程序在宪法上是等同的，并且适用与正式征收程序相同的规则和原则的制约。因此，估价日期既适用于正式征收，也应适用于管制性征收。

第二，将当事人的过错认定作为确定估价日期的考量因素。法院主要从以下两个进路引入过错的判断：一是财产所有人对于寻求救济上的延迟是否有过错。如果土地所有人在管制性征收中没有迅速寻求补救办法的行为不存在过错，那么在审判时他的土地价值增加应使他受益。二是征收者是否存在过错。即使确定管制性征收诉讼估价日期的既定规则是占有或侵入日期，但当财产在占有或侵入时间后增值，如果权利人未能及时寻求补救措施的行为没有过错或不应受惩罚，则适用稍后的估价日期。

第三，由于合法的占有直到审判才发生，因此财产的估价应在审判时确定。为了确定赔偿，财产必须合法取得。除非提起诉讼程序，否则财产的获取是不合法的。法院认为：征用时间关涉何种补偿应当作出，是指通过适当的法律程序依法取得财产的时间，相反

---

[1] Ricky J. Nelson, "Inverse Condemnation Actions Present Unique Problems When Determining Just Compensation", Brigham Young University Law Review, 2010, (6): 2317.

地，它并不意味着在没有法律授权的情况下，财产被非法占有。

相反观点认为，将审判日期作为管制性征收的估价日期，会鼓励诉讼当事人不正当地援引规定。在不断上涨的房地产市场中，这种方法鼓励财产权人在提出索赔前尽可能拖延时间。另一方面，在房地产市场下滑的情况下，这种方法鼓励政府尽早收取房产后拖延协商的时间，以期在有利的时机提起征收诉讼。

首先，在管制性征收诉讼中直接适用征收法中的估价规则是不合理的。一项正式征收中的估价日期规则没有考虑到管制性征收所面临的独特问题。因为与正式征收不同，管制性征收中的征收日期先于诉讼日期。此外，由于财产价值是波动的，如果估价日期迟于征收日期，那么财产所有人就会得到不公平的利益或受到不公平的惩罚。虽然宪法修正案中的公正补偿原则既适用于管制性征收，也适用于直接征收，但不意味着二者应适用同一个估价规则。

其次，进行估价时，过错不应当作为考虑因素。法院要追究过错或恶意的唯一逻辑理由是要阻止他人作出某种行为。在这个意义上，损害赔偿可以被视为惩罚性的，但惩罚性损害赔偿在征收案例中是被禁止的。因此，在确定估价日期时，根据任何一方的过错或缺乏过错而采用较晚的估价日期是不适当的。

最后，以合法的征收日期作为管制性征收的估价日期是不适当的。因为它没有认识到财产实际上在更早日期已经被侵占。在管制性征收中，财产的占有行为必然发生在诉讼之前。

3. 以征收者实质影响被征收者对财产用益的日期作为估价日期及其适用争议

某些州的估价法令考虑了管制性征收的情况并制定了更为细致的估价日期规则，例如，新泽西州估价法令的规定，估价日期根据下列四种日期中最早的日期确定：（1）征收人“全部或部分”占有财产的日期；（2）征收程序开始的日期（审判日期）；（3）征收人的行为

“严重影响被征收人对财产使用”的日期。[1] 对该规则的质疑主要包括：

第一，采用实质影响标准，往往将政府的征收意向作为估价日期，从而不当地冻结财产。在上涨的市场中，征收者会提前通知财产权人他们的意图，从而严重影响对财产的使用，并冻结估价日期。在下跌的市场中，财产权人将试图表明，他从尽可能早的日期起即受到了重大影响。此外，该方法还允许估值日期先于实际征收日期。

第二，实质影响本身是带有争议性的判断。在狭义的管制性征收中，因征收机关并未正式地物理占有任何土地，法院通过判断其行为干预了财产权人的权利来对是否成立征收进行认定。但是，正如之前所讨论的，这项工作本身极具争议。罗梅罗·艾伦（Ronero Alan）认为，在管制性征收的情况下，政府可能通过各种各样的方式运用他们的管制来提前贬损财产的市场价值，用以降低征收财产利益的成本。此时，如果政府最终征收了该财产，那么征收的起点应当是政府开始其征收活动前的时间。恰当的规则是从分区变更或许可在最初否定那天开始计算，最后行政决定作为衔接保证司法审查的成熟与终局的先决条件不应被视为征收之日。[2] 但是，瑞奇 J. 纳尔林认为应使用成熟度测试规则（ripeness test）。即通常情况下，除非负责执行管制规定的政府作出最终决定，否则索赔要求“还不成熟”。在成熟度试验中，有两个可能得到适用的征收日期。如果通过了允许例外的条例或法规，则征收日期为机构、市议会或任何负责批准或不批准该例外的团体作出最终决定的日期。如果该条例或法规不允许例外，则该条例或法规生效的日期为生效日期。

---

[1] Ricky J. Nelson, “Inverse Condemnation Actions Present Unique Problems When Determining Just Compensation”, Brigham Young University Law Review, 2010, (6): 2317.

[2] Ronero, Alan, “Reducing Just Compensation for Anticipated Condemnations”, *Journal of Land Use & Environmental Law*, 2006, 21 (2): 167.

四、美国管制性征收制度的中国意义

（一）实体法层面从请求权基础角度完善我国的财产权限制制度

美国司法判例确立的管制性征收制度，扩展了宪法上征收补偿条款的效力范围，其实质是从请求权基础的角度，完善财产权限制法律制度。在该制度的辐照下，不仅正式征收决定作出之前的规划、征收意向等被纳入调整之列，甚至政府未正式启动征收程序，但因管制行为存在过度限制私人财产权的可能时，亦赋予财产权人通过提起管制性征收诉讼进行司法救济的权利。这对于从权利事后救济进路构建我国的管制性征收法律制度，具有启发和借鉴意义。

中国学者对于美国管制性征收制度的借鉴性研究，存在两个视角：第一个是权利主动保护的视角，学者主张运用公共地役权、空间建设用地使用权制度实现对因管制行为而受到损害的权利进行补偿。[1] 公共地役权是对传统管制的替代性机制，它将政府管制权的行使转化为对权利人设定使用负担的私法方式达到管制目的，并使受限制的土地财产权人借助地役权关系，从供役地中收益。其实质是对政府管制提供正当的权利基础。第二个是权利事后救济的视角，通过赋予财产权人提起管制性征收诉讼的诉权，完善权利的保障。

后一视角在中国实行的困难在于立法性管制的可诉性问题。在美国，因存在对立法机关制定法的合宪性审查，受到司法审查的管制行为通常包括立法行为和行政行为。但是，通过对前述争议问题的研究发现，即使美国司法实践中，立法行为的司法审查非常有限。

---

[1] 王明远：《天然气开发与土地利用：法律权利的冲突和协调》，载《清华法学》2010 年第 1 期，第 139—149 页；马强伟：《油气管道铺设中的用地问题及解决思路——从公共地役权理论到空间建设用地使用权》，载《法治研究》2017 年第 6 期，第 78—79 页。

于此，对于行政机关实施的非征收性管制行为的司法审查仍具有借鉴意义。原因在于：其一，具有普遍效力的立法性管制措施具有位阶性，处于抽象行政行为位阶的管制性行为受到审查具有法律依据。有学者通过统计中国司法实践中管制性征收判决发现，涉诉行政机关的土地利用管制措施主要有四种：（1）政府改变了规划从而导致土地无法利用；（2）政府基于特定公共利益的需要对土地利用活动加以限制；（3）政府变更了土地利用的许可；（4）政府直接作出土地利用管制的行政行为。[1] 政府机关的管制多数属于具体行政行为，规划虽属抽象行政行为，但因实施规划而导致相对人的开发申请被拒绝时，财产权人对于许可的拒绝依法有权获得司法救济。

管制性征收是财产限制的一般性问题，司法认定具有方法论的指导意义。有学者指出，中国现行法上虽无管制性征收制度，但对“财产权的过度限制”是管制性征收问题的“中国形式”。[2] 美国法上的管制性征收制度实际上是美国财产权法律制度（特别是财产权限制制度）的重要构成，因而其具有非指向某一领域具体问题解决的一般性意义。关于管制性征收认定标准的讨论实际上涉及财产权限制的正当性价值基础以及裁判方法论层面的标准择取。有必要明确的是，管制性征收的客体为不动产财产权，不限于所有权。多数情形是，权利主体并没有发生变化，只是财产权人对其不动产所享有的占有、使用、收益、处分等各种具体财产权利受到实质性的侵害，因而同时涵盖我国的征收及征用制度的客体。管制性征收案件的争议是财产权因政府管制而受到限制的权利人是否有权利请求补偿。在请求权基础丧失的情况下，政府的管制行为始终是单向的和闭合的。[3] 学者建议，应从解释论角度，对宪法及部门法上的征收制

---

[1] 彭涛：《规范管制性征收应发挥司法救济的作用》，载《法学》2016年第4期，第144页。

[2] 董彪：《论财产权过度限制的损失补偿制度——以“禁摩令”案为例》，载《当代法学》2009年第3期，第67页。

[3] 朱学磊：《管制性征收的请求权基础》，载《时代法学》2015年第1期，第11页。

度进行扩张解释，引入管制性征收概念，扩大征收规范案件的效力范围。[1]

更为具体地，管制性征收制度对于应对我国城市规划中的公私权利冲突和集体土地使用限制等问题具有重要的借鉴意义。

在我国城市化的推进过程中，为促进土地集约高效利用，2016年《中共中央国务院关于进一步加强城市规划建设管理工作的若干意见》第16条规定："加强街区的规划和建设……新建住宅要推广街区制，原则上不再建设封闭住宅小区。已建成的住宅小区和单位大院要逐步打开，实现内部道路公共化"。由于土地资源的紧缺和不可再生性，土地往往承载着更多的社会义务。政府为了社会公共利益的需要，有必要优化城市规划布局，对土地进行统筹管理，对小区土地财产权进行一定程度限制。[2] 但是，依据《民法典》物权编的规定，基于建筑物区分所有权，业主对小区内的道路享有共有权，将共有小区道路公共化，势必会侵害到小区业主的财产权利。其实，早在2003年上海市即推行了开发单元制度，[3] 根据黄浦江两岸的总体规划，将拟开发的土地分割为若干地块单元，单元地块范围内的私人项目建设者除自身的项目建设外，同时承担规划设定的公共建设任务，从而在城市规划的框架下将公共建设任务转移到普通的建设项目中。与美国土地利用中的管制性征收具有类似原理的开发单元制度，均是通过城市规划对土地利用进行控制。但是在有效达成政府行政任务的同时，开发单元制度的理论基础、法律性质、法律

---

[1] 刘连泰：《确定"管制性征收"的坐标系》，载《法治研究》2014年第3期，第31页

[2] 黄胜开、刘霞：《"街区制"模式下小区道路公共化的法律规制》，载《理论导刊》2016年第5期，第105页。

[3] 2003年上海市政府《关于黄埔江两岸综合开发的若干政策意见》第2条规定："要按项目的性质、规划，将经营性和非经营性项目合理组合成项目开发单元，作为明确开发责任主体的最小实施单位。在项目开发单元内，要通过环境建设等非经营性项目的优先或同步建设，提高经营性项目的开发收益，实现项目开发单元的投融资平衡。"

依据、实施过程中的考量因素等并未得到有效的探讨和明确。[1] 街区制改革具有土地财产权强制捐献的特征，开发单元制度亦伴随公共设施的改善要求，而这些“开发性苛征”问题在美国管制性征收制度中已经通过多兰案和诺兰案确立了“本质联系和合理比例”的补偿认定标准。对于在城市规划理念更新中出现的上述新型规划手段，有必要借鉴前述讨论，构建财产权限制的界限及应予补偿的认定标准。

对于集体土地而言，中国土地用途管制制度对农地的利用分为用途转换限制和利用方式限制两种类型。[2] 这属于集体土地所有权及土地承包经营权自始应当承受的财产权社会义务还是应当依据管制性征收而得到补偿的特别牺牲？前者对应于美国的警察权理论，后者则体现管制性征收的适用要求。对此，学界的认识存在争议。有学者认为关于农地利用中诸如轮作休耕等利用方式管制本质上是土地利用行政规划，而非管制性征收。[3] 相反观点则主张农用地特别是永久基本农田的用途锁定侵害了集体经济组织的土地发展权，对于因农地管制而不能分享城市化中土地增值收益的损失应当予以公正补偿。[4] 管制性征收介于征收（补偿）和管制权正常行使（不补偿）之间，判定的基点来自对受到管制财产权的权利内容的认识。[5] 上述美国管制性征收的典型案例及学说肯定了财产权的“多阶性”，并对行政机关的非征收性限制进行了类型化探讨，将其区分为：对财产权的过度限制、财产权本身承载的社会义务和财产权自始的内容形

[1] 徐键：《论土地利用中的规制性征收》，载《行政法学研究》2009年第2期，第77页。

[2] 王家梁：《农地保护利用与土地使用管制》，载《中国土地科学》1998年第12期，第3页。

[3] 方润：《耕地保护视阈下轮作休耕的法律表达》，载《南京农业大学学报》（社会科学版）2020年第3期，第111页。

[4] 许迎春、文贯中：《美国农地征收制度及其对中国的启示》，载《华东经济管理》2011年第5期，第25页。

[5] 张鹏：《经典案例逻辑中的准征收理论和实践：中美差异和政策选择》，载《中国土地科学》2018年第6期，第40－46页。

成，后两者均不在补偿之列。案例中司法认定的争议观点有助于廓清土地管制行为与征收的界限，并明确权利人获得补偿的正当依据及其规范基础。

（二）程序法层面弥补现行法上征收决定作出前对被征收人权利保障不足的缺陷

现行法上，我国行政机关主导的征收程序节点主要包括：制定规划、划定征收范围、作出征收决定。在征收程序推进的不同阶段，均会对财产权造成不同程度的影响。具体表现为：第一，在规划阶段，2011年国务院《国有土地上房屋征收与补偿条例》第19条规定的市场价格的计算时间点在于“房屋征收决定公告之日”。此时的市场价格与政府对土地利用的规划行为具有关联性。在政府对土地的功能分区导致拟征收不动产价格严重贬损时，提起管制性征收诉讼实际上相当于提前启动征收规范的效力。[1] 第二，在征收范围的确定方面，我国铁路、航空行业的公共工程建设多是从工程本身是否安全角度确定征收范围。但是以安全标准考虑而未划入征收范围的财产，可能因公共工程建设而面临财产价值的大幅降低。[2] 第三，征收范围确定后，为了通过征收前的管制固定拟征收不动产的价值，防止不动产所有人在征收中恶意添附，《条例》第16条第1款规定：“房屋征收范围确定后，不得在房屋征收范围内实施新建、扩建、改建房屋和改变房屋用途等不当增加补偿费用的行为；违反规定实施的，不予补偿。”但如果征收规划作出后，政府拖延征收程序，迟延作出征收决定。即使限定管制期限，但不动产被征收的预期依然存在。通过借鉴美国管制性征收案件的认定标准、补偿时点的确定等问题，有助于完善我国征收补偿中对权利人的救济制度。

---

[1] 刘连泰：《宪法上征收规范效力的前移——美国法的情形及其启示》，载《法学家》2012年第5期，第166页。

[2] 由此引发的补偿纠纷，参见孔令泉：《机场噪声扰民状告环保总局 宁波99名村民获赔120万元》，载《民主与法制时报》2008年2月25日，第02版。

美国管制性征收制度在中国学者的研究中虽早有涉及，但因正式征收制度是管制性征收的参照系，在正式征收制度对财产权保障不足的情况下（典型的体现是对土地按照原用途进行产值倍数法的补偿、地上房屋按照地上物进行成本补偿），管制性征收制度的研究实属意义有限。但是，2019年《土地管理法》的征收制度呈现从计划征收到市场征收的重大变革，[1] 一方面，补偿标准接近市场标准，农村住房独立补偿；另一方面，征收权运行的各阶段中重视引入正当程序，将公告程序前置于拟申请征收之前，并通过赋予听证权利使得被征收人具备实质影响征收财产范围、补偿范围的可能。于此，在征收制度取得立法上的重要进展的前提下，深化管制性征收制度的比较法研究，对于深化我国的财产权限制理论、完善立法表达及司法实践具有启发和借鉴意义。

（三）排除适用“实质促进”标准有助于廓清征收与补偿间的区隔认定

征收作为一种主权性的权利，征收的效率性体现为对公共利益的促进。[2] 美国法上，公共利益被称为征收中的“实质正当程序”，是征收权得以启动的前提。但是，通过对美国联邦最高法院在林格尔案中的裁判意见的梳理可以发现：一方面，法院对征收权的实质审查保持审慎的克制态度。正如达纳·伯林纳（Dana Berliner）指出的，法院已将宪法所规定的“公共用途”扩张解释为“公共目的”，对政府的征收征用是否符合公共利益的判断，法院通常会尊重政府的决策或立法机关通过民主程序通过的立法。另一方面，管制性征收案件实际上处理的是补偿问题，是否实质促进政府利益被作为征收权正当运行的要求，在补偿案件中不进行直接审查。

---

[1] 王思锋：《财产征收的理论反思与制度重构——以不动产准征收为视角》，载《法学杂志》2014年第10期，第48页。

[2] ［美］约翰·G. 斯普兰克林：《美国财产法精解》（第二版），钟书峰译，北京大学出版社2009年版，第255页。

在我国，2019 年《土地管理法》修正之前，征收的公益目的一直处于法律文本中的应然状态，仅具有宣示效力。但《土地管理法》首次以列举的方式明确了征收的具体公益用途。结合 2014 年修正的《行政诉讼法》明确赋予征收决定以可诉性，这是否意味着作为征收权行使的实质正当程序——“是否实质促进公共利益”应当作为司法审查的对象。但是，通过林格尔案的裁判意见我们发现，前者并非管制性征收的审查范围。有学者指出，司法实践中是以征收项目符合规划、符合法定程序、能够保障被征收的安置补偿等作为公共利益的认定标准，排斥对公共利益的实质审查。于此，前述美国联邦最高法院关于实质促进标准的讨论具有启发意义，征收与补偿虽在法律文本中被视为“唇齿条款”,[1] 但在权利救济层面，征收行为的有效性认定应当与补偿请求权问题进行明确区隔。

Regulatory Expropriation System in the United States and Its Significance in China

Tong Tong

Abstract: The judicial regulatory expropriation system in the United States does not discuss the issue of "special sacrifice of property rights", but focuses on carefully defining and distinguishing the limits of different degrees of property rights according to the substantive and operational standards of identification. Through the analysis of the applicability of "substantial promotion" standard in the determination of regulatory expropriation, the scope of application of "essential relation and reasonable proportion" standard in discretionary land use regulation, and whether regulatory expropriation should be integrated with formal expropriation to

[1] 张翔:《财产权的社会义务》，载《中国社会科学》2012 年第 9 期，第 108 页。

determine compensation time point for expropriated property rights, this article is helpful to provide specific path guidance for the construction of regulatory collection system in terms of substantial and procedural rules. As a general problem of property rights restriction, regulatory expropriation can be used for reference not only in the judicialfield of methodology, but also in the perspective of legislation to provide a normative basis for the restriction and compensation of private rights in real estate, especially in land control.

Key Words: regulatory taking; restricting right of property; substantial promotion; essential nexus androughly proportion; compensation time point

【学术新声】

我国股份回购法律规制的研究进程及展望

唐峋*

内容摘要：作为一种重要的资本运作手段和价值分配方式，股份回购在资本市场上日益受到上市公司管理层的青睐，在借鉴域外理论和实践经验的基础上，我国学者对于股份回购制度进行了深入研究，尤其是在股份回购的法律规制领域，从立法模式、事前法律规制、事中法律规制和事后法律规制等各环节展开了论证。但现有研究缺乏对我国经济大形势、股权分置改革、国有股减持等中国特色背景的针对性研究，同时未形成跨学科研究格局，也缺少与其他财务政策的联合研究，不足以满足股份回购的实践需要。

关键词：股份回购　市场操纵　信息披露　法律规制

在成熟的资本市场中，股份回购不仅有助于调整财务杠杆，优化资本结构，还可以通过调节股票供应量实现股票价值回归，与此

---

* 唐峋，男，辽宁大学法学院民商法专业博士研究生，研究方向：民商法学。

同时，股份回购在替代股利分配、维持公司控制权以及激励员工等方面均具有重要的作用。与西方成熟资本市场相比，股份回购在我国起步较晚且发展不完善，相关的法律限制较多，这导致我国资本市场的股份回购实施程序复杂，回购情形单一，难以适应上市公司实际发展需要，并不具有明显的商业价值。为了加强资本市场基础制度建设，补齐制度短板，切实加强股份回购在服务国有企业改革、深化金融改革、提高上市公司质量等方面的作用，2018年10月26日，全国人大常委会审议通过了《关于修改〈中华人民共和国公司法〉的决定》，对公司法第142条有关公司股份回购制度的规定进行了专项修改，简化了回购流程，增加了回购情形，完善了决策程序，明确了回购方式和库存制度，赋予了上市公司股份回购更大的自主权。在公司法修订的大背景下，我国上市公司股份回购行为的激增与国内理论研究与经验证据的匮乏这一矛盾正在逐渐加深。因此，有必要对现有研究成果进行梳理，总结反思以往研究中的不足，明确未来股份回购法律规制的方向。

一、我国股份回购的研究进展

（一）我国股份回购的实践历程

对于我国股份回购发展的历史，学界依据不同的标准划分为不同的阶段。有学者[1]以时间为标准划分为三个阶段：一是不被认同阶段；[2] 二是基本认同阶段；[3] 三是快速发展阶段。有学者以重要的回

[1] 孙文军、粟建国、薛莲：《上市公司股份回购：理论与实务》，西南财经大学出版社2002年版，第5-9页。

[2] 冯果：《论公司资本三原则理论的时代局限》载《中国法学》2001年第3期，第18-27页。

[3] 李晓春：《论新公司法库藏股制度之缺陷及立法完善》，载《政治与法律》2008年第3期，第89-90页。

购案例为依托将股份回购梳理为：协议回购国有股阶段；要约回购境外上市公司股份阶段；A股市场公开回购社会公众股三个阶段。[1]综合各学说观点，结合我国股份回购的实践历程，根据重要的立法、政策、代表性案例可划分为以下三个阶段。

1. 初步探索及国有股减持阶段（2005年之前）

我国第一起上市公司股份回购案例为大豫园通过协议方式回购小豫园股份，但是该股份回购行为是由政府主导的。1993年《公司法》的颁布和1999年对《公司法》的修订仍然保持“原则禁止，例外允许”，但增设了与持有本企业股份的其他企业合并这条回购情形。陆家嘴1994年选择协议回购的方式回购了国有股权，这是中国首次具有商业意义的股份回购。1999年，中共召开十五届四中全会，提出要解决我国国有企业“一股独大”的现象，尝试通过国有股减持来优化股权结构。2000年，上市公司长春富新回购固有股份，但丧失了国有股份控股权。总体来说，该阶段我国股份回购处于探索阶段，并进行了国有股减持尝试。

2. 股权分置改革及广泛运用阶段（2005—2018年）[2]

2005年我国股权分置改革开始实施，为配合这次改革的实施，2005年《公司法》修订，扩大了股份回购的范围。同年，证监会出台《上市公司回购社会公众股份管理办法（试行）》，详细规定了上市公司进行股份回购的目的、价格、流程、方式，且不限制上市公司回购社会公众股。2005年邯郸钢铁回购了社会公众股1亿股，开创了上市公司回购流通股的先河。2008年，证监会出台《关于上市公司以集中竞价交易方式回购股份的补充规定》，完善以公开方式回购的信息披露制度，股份回购进入广泛应用阶段，2015年，中国股

[1] 贾楠：《我国上市公司股份回购制度变迁及完善建议》，载《河南师范大学学报（哲学社会科学版）》2009年第1期，第148－151页。

[2] 贺坤丽：《高派现上市公司的股票回购行为分析》，载《财会通讯》2019年第20期，第55－58页。

市从最高5200点跌至2600点，万科和新湖中宝等企业都通过股份回购来提高股票价格。

3. 快速发展阶段（2018年至今）

2018年10月26日，全国人大常委会审议通过了《关于修改〈中华人民共和国公司法〉的决定》，对公司法第142条关于公司股份回购制度的规定进行了专项修改，增加了回购情形，简化了回购流程，完善了决策程序，明确了回购方式和库存制度，赋予上市公司掀起了回购热潮，根据Chioce数据显示，2018年回购企业数量激增，到2019年上交所和深交所在同一天发布了实施细则，将股份回购推向顶峰。

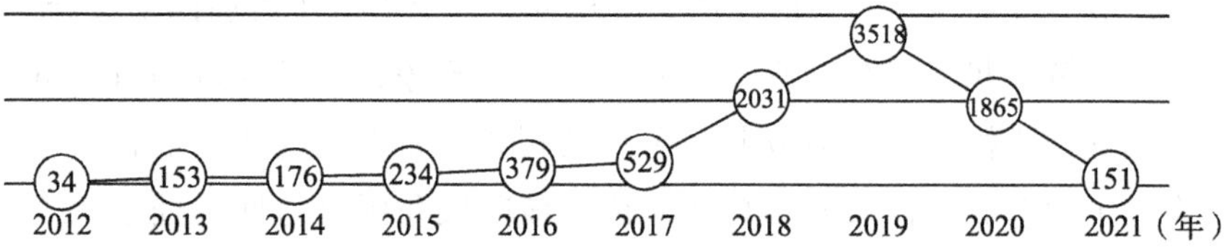

图1　2012年至2021年1月股份回购企业数

（数据来源：东方财富Chioce数据库，其中2021年数据统计至2021年1月13日）

（二）股份回购与相关概念关系的转变

1. 股份回购与减资的关系

股份回购与减资的关系，经历了回购是减资的下位概念，回购的合法性需要通过减资程序证成，回购与减资并无实质关联，再到侧重于回购的金融功能属性等多个阶段。早期学者认为，股份回购是减资的常用做法，公司根据经营状况变化的需要，依照法律规定的程序和方法，可以重新取得公司自己原已发行的股份。[1] 实践中，出于保护债权人的利益，防止股份回购的负外部性，往往将回购与

[1] 王宪森：《论公司以取得自有股份的方式分配收益》，载《法商研究》1996年第6期，第15－19页。

减资相关联，通过是否履行减资程序来证成股份回购的合法性，例如“华工案”与最高人民法院《九民纪要》实际上是对股份回购的资本规制进行的法律漏洞填补，通过将股份回购与公司减资相关联，进而保护公司债权人。但随着股份回购的发展，更多的学者认为，股份回购与公司减资的逻辑关系在于通过回购实现减资的公司可以调整资本结构，但二者并无必然联系，[1] 说“回购是减资的具体途径”，并不意味着回购是减资的下位概念。相反，回购与减资之间存在彼此交融的关系，回购也可以基于各种商业目的（如回购股份用来奖励高管或员工等）而发生。从这个角度看，减资属于回购的目的之一，“为减资而回购”只是回购交易的一种具体形态，但减资并不会成为回购的下位概念。[2] 目前，上市公司回购股份已由纯粹的减资手段演变为兼备股权激励、转换公司可转换债券和护盘等多种功能以调整证券市场的金融工具。[3] 股份回购在境外发达国家和地区，除了可以实现配合职工持股、保护异议股东、作为减资工具等功能以外，还可以作为确定自身股价、防范敌意收购或实现股利政策的工具，其中的不少功能在我国尚有待开发。[4]

2. 股份回购与利润分配的关系

关于股份回购与利润分配的关系，学界观点也经历过变化。早期学者将股权回购、盈余分配、减资并列作为资本维持原则修正的重要方面，认为三者并不相同。但随着次贷危机的到来，股票回购是上市企业利润分配的重要途径之一，股票回购逐渐成为上市公司

[1] 潘林：《股份回购中资本规制的展开——基于董事会中心主义的考察》，载《法商研究》2020 年第 4 期，第 119 页。

[2] 刘燕：《“对赌协议”的裁判路径及政策选择——基于 PE/VC 与公司对赌场景的分析》，载《法学研究》2020 年第 2 期，第 133 页。

[3] 叶林：《股份有限公司回购股份的规则评析》，载《法律适用》2019 年第 1 期，第 56 页。

[4] 朱庆：《股份回购操纵市场“灰色地带”的形态及其法律规制》，载《法学》2011 年第 9 期，第 81 页。

财务管理的一种重要工具。[1] 比如《九民纪要》关于现金补偿的处理，由于估值补偿并不涉及PE /VC投资者股份的变化，因此不能按减资来处理，只能比照利润分配来进行，相当于对PE/VC投资者进行定向分配。[2] 目前学术界基本达成共识，认为股份回购是财务管理的一种重要工具。从经济效果方面，股份回购与利润分配具有相同的经济实质，是公司分配的一种典型形式，应纳入统一的分配框架之中。[3] 从法律规则的适用方面，应将股份回购与利润分配予以统一规范，不然，既会产生法律适用的混乱，也容易出现规避法律的行为。[4]

（三）相关理论基础的嬗变

对股份回购持反对观点的主要理由之一即股份回购违反了资本维持原则。资本维持原则最初源于英国斯托里法官的“托管资金”（Trust fund）理论。1824年，他在Wood v. Dummer一案中，声称银行的资本股票应当被视为满足其债权人的保证或者信托资金，法律应当要求为了实现这种目的而设立标准。[5] 无论大陆法系国家，还是英美法系国家，鲜有以明确法律条文的形式规定其定义或对其进行解释的。我国公司法中也没有“资本维持”的字眼，但禁止股东抽回出资、分配限于净利润、禁止回购（个别场景除外）等规则都蕴含了资本维持的理念。

在公司刚刚出现时，由于大规模生产经营需要较多的资本以及

---

[1] 贺坤丽：《高派现上市公司的股票回购行为分析》，载《财会通讯》2019年第20期，第55页。

[2] 刘燕：《“对赌协议”的裁判路径及政策选择——基于PE/VC与公司对赌场景的分析》，载《法学研究》2020年第2期，第145页。

[3] 潘林：《股份回购中资本规制的展开——基于董事会中心主义的考察》，载《法商研究》2020年第4期，第116页。

[4] 李晓春：《论公司买回自己股份之财源限制——比较法考察及我国立法模式之选择》，载《法商研究》2015年第4期，第179页。

[5] 邓峰：《普通公司法》，中国人民大学出版社2009年版，第310页。

市场信用体系的不健全，以“托管资金”理论为基础的资本维持原则发挥了保护债权人利益，维护交易安全的作用。然而，随着现代公司的发展，公司登记信息公开、财务信息公开，债权人判断公司的信用情况不再依赖公司的资本信用，资本的信用担保功能不断弱化。学者普遍认为无论域内域外，资本维持原则均在一定程度上变得缓和。[1] 不仅以美国为首的一些英美国家越来越趋向于将便利企业融资作为确立公司资本制度的主要宗旨，而且原本严格贯彻“资本三原则”的一些大陆法系国家，也因债权人保障功能不如预期而逐渐缓和或修正资本规制之严厉性。[2] 将资本维持原则定义为公司应当维持与注册资本相应的资产，[3] 这种脱离分配语境的定义极易引发歧义，因为注册资本过低或者公司亏损都会削弱这种缓冲。[4] 现行法律的演进从法定资本制到授权资本制、折中资本制；降低或取消法定最低资本额；扩大股东向公司出资的类型；公司持有自己股份限制的缓和等四个方面验证了资本制度的缓和。[5] 资本维持从注册资本标准到清算标准，公司分配从账户和资本结构规制到价值标准的历史进程，是必然的逻辑。[6] 长期以来，我国公司立法强调对公司资本的维持，突出公司资本的信用担保功能，奉行以债权人利益为主导的资本制度模式。在公司买回自己股份以及买回资金的规制上，忽视

---

[1] 刘燕：《“对赌协议”的裁判路径即政策选择——基于 PE/VC 与公司对赌场景的分析》，载《法学研究》2020 年第 2 期，第 179 页。王保树：《资本维持原则的发展趋势》，载《法商研究》2004 年第 1 期，第 13 – 14 页。冯果：《论公司资本三原则理论的时代局限》，载《中国法学》2001 年第 3 期，第 22 – 23 页。

[2] 王文宇：《公司法论》，元照出版公司 2003 年版，第 35 – 37 页。

[3] 柯芳枝：《公司法论》，中国政法大学出版社 2004 年版，第 45 – 48 页。

[4] 丁勇：《认缴制后公司法资本规则的革新》，载《法学研究》2018 年第 2 期，第 170 页。

[5] 朱慈蕴：《公司资本理念与债权人利益保护》，载《政法论坛》2005 年第 3 期，第 129 – 131 页。

[6] 邓峰：《资本约束制度的进化和机制设计——以中美公司法的比较为核心》，载《中国法学》，2009 年第 1 期。白彦：《授权资本制下资本到位之监管》，载《西北民族大学学报》2005 年第 3 期，第 89 – 93 页。

公司买回股份的实务需求，严格限制公司买回股份的情形和买回股份的资金。这种管制的立法理念不仅限制了公司的自治空间，在实践中也没有真正起到对债权人利益的保障作用。[1]

二、我国股份回购法律规制之内容

（一）我国股份回购之目的限制

由于我国早期对公司资本缺乏有效的监管措施，因而学者认为允许股份回购的范围不能失之过宽，进而建议将股份回购的情形界定为：（1）公司为减少资本而回购股份；（2）公司为兼并持有本公司股份的其他公司而回购股份；（3）为实施员工持股、公司高级管理人员股票期权计划而回购股份；（4）为防止恶意收购而回购股份。[2] 但随着股份回购作用的彰显及公司资本监管制度的完善，严格限制股份回购目的（情形）已经不能满足资本市场的需要，有学者认为应扩展适用情形的范围。其中法学学者侧重于两个方面：一是扩展法定适用情形，建议增加“公司合并、分立和转让主要财产”之外的其它并购情形，如公司受让他人营业或财产、重大股权收购等情形。二是授权章程约定适用情形。在《公司法》第142条增加兜底条款：“公司章程规定的其他重大情形”[3]。而金融学学者则侧重于主张增加股权优化调整、财务杠杆效应、自由现金流投资、反收购等概念。[4] 更多的学者认为应将股份回购的目的分为良性、中性与恶性三类，进一步放开股份回购的适用范围，特别是应增设概括

[1] 李晓春：《论公司买回自己股份之财源限制——比较法考察及我国立法模式之选择》，载《法商研究》2015年第4期，第89页。

[2] 官以德：《上市公司收购的法律透视》，法律出版社1999年版，第216页。

[3] 袁碧华：《异议股东股权回购请求权适用范围探讨》，载《广东行政学院学报》2014年第5期，第61页。

[4] 叶星星：《完善股份回购政策》，载《中国金融》2019年第9期，第51页。

目的下的回购情形，同时配套规定财源、数量、处分等方面限制的制度，以充分发挥股份回购的作用，做到兴利与防弊的统一。[1]

（二）股份回购的财源规制

1. 法定资本制基础上的盈余模式

受资本维持原则的影响，股份回购财源限制的资本维持标准主要从用于回购的资金来源方面进行约束，将财源限制等同于资金来源，认为如果公司以资本或者法定公积金作为财源回购自己股份，就相当于违法分配股利，实质上是对股东出资的返还，违反了资本维持原则，有侵害债权人利益之虞。公司只能以当年可分配盈余作为财源回购自己股份。[2]

通过对域外财源规定进行比对，为了不危害资本维持原则，保障公司债权人权益，各国对公司买回自己股份的财源均进行严格的限制。[3] 日本与德国均要求回购财源为可分配利润。限定可分配利润为回购财源符合资本维持原则，也有利于防止公司资本不当减少，保障债权人合法利益。[4]

但随着回购的广泛应用，为缓和对回购资金的限制，有学者进一步指出允许公司以各种类型的“盈余”作为买回自己股份的财源。而盈余既包括收益盈余，又包括缴入盈余和减资盈余。[5]

更有学者反对以资本盈余回购，认为财源限制不等同于资金来

---

[1] 朱庆：《我国应允许概括目的下的股份回购》，载《安徽大学学报》2008 年第 1 期，第 48 页。

[2] 戎砚：《股份回购的法律探析》，载《山西师大学报（社会科学版）》2004 年第 1 期，第 46 页。

[3] 陈立峰：《比较法视野下的股份回购价值与法律规制的协调》，载《浙江金融》2007 年第 2 期，第 44 页。

[4] 陈岱松、孙亚南：《护盘式股份回购的弊端及风险防控机制探究——兼评〈公司法〉第 142 条第六项》，载《金融发展研究》2020 年第 4 期，第 84 页。

[5] 黄辉：《公司资本制度改革的正当性：基于债权人保护功能的法经济学分析》，载《中国法学》2015 年第 6 期，第 159 页。

源。因为财源限制并非指回购资金从利润中支出，更不是说用利润来回购股份。事实上，利润并不是可以动用的资产。在资产负债表的结构——“资产 = 负债 + 所有者权益”之下，“利润”与所有者权益的其他部分一样，不是一个现金流的概念，而是一种抽象的金额，对应着公司资产总额扣除负债总额后的剩余部分。回购的资金来源是指资产或现金流意义上的资金来源，如企业用库存现金或者新发债筹集的资金来回购股份。[1]

2. 清偿能力模式

偿债能力测试模式，即以公司的偿债能力作为衡量标尺。偿债能力测试模式不但可满足公司灵活向股东返还富余资产的需要，而且能够更好地保护公司债权人利益。[2] 在允许公司买回自己股份和保护债权人利益上，达到了较好的平衡。并且，采用偿债能力测试模式，也解决了我国公司法在股份买回财源限制上的遗留问题，在不能满足偿债能力测试的情形下，公司不能买回自己股份。[3]

在偿债能力标准上，有学者进一步提出动态偿付能力标准，认为偿付能力标准更关注公司资产流动性，我国公司的信用经历了所有制信用到资本信用、再到资产信用的过程，[4] 虽然公司资产信用较之资本信用更符合商业实践的现实，但仅仅只有资产信用，仍不足以充分保护公司债权人，“公司信用取决于净资产”[5] 的说法有失片面，立法上确立公司动态偿付能力标准，司法中培养对公司盈利能力与现金流量的关注，发展出适用于我国的现金流估值方法，对债

[1] 刘燕：《“对赌协议”的裁判路径及政策选择——基于 PE /VC 与公司对赌场景的分析》，载《法学研究》2020 年第 2 期，第 135 页。

[2] 殷盛：《欧盟的公司资本制度变革》，载《法学》2007 年第 9 期，第 147 页。

[3] 李晓春：《论公司买回自己股份之财源限制——比较法考察及我国立法模式之选择》，载《法商研究》2015 年第 4 期，第 185 页。

[4] 赵旭东：《从资本信用到资产信用》，载《法学研究》2003 年第 5 期，第 109 页。

[5] 刘广：《从资本信用到资产信用的演进探析——基于新〈公司法〉资本制度改革》，载《北京化工大学学报（社会科学版）》2015 年第 1 期，第 11—12 页。

权人保护有着静态资产信用观不可替代的作用。[1]

3. 持续经营能力标准

自律性规范规定股份回购方案应当包括防范侵害债权人利益的相关安排，而且明确要求公司应当在回购股份后具备债务履行能力和持续经营能力。根据文义解释，债务履行能力就是债务清偿能力，持续经营能力则可以理解为不存在资不抵债等无法持续经营的情况，本质上关注的也是债务清偿能力。[2] 持续经营能力并非清偿能力之外的一个独立标准。从会计角度看，持续经营是会计核算的基本假设之一，而保持清偿能力通常构成了持续经营的内在组成部分。同时，在清偿能力之外对持续经营能力的强调带来了一个微妙的变化，那就是法律上判断、评价公司财务状况的目的，从单纯的债权人保护开始转向公司整体利益，甚至股东利益的保护。[3]

4. 双重标准

也有学者认为美国模范商业公司法的双重标准可以更好地保护债权人的利益，认为资产负债平衡测试可确保公司在向股东分配财产后，总资产大于总负债；偿债能力测试模式关注的是企业资产的变现能力，即公司解决到期债务的能力，更现实地体现了对债权人的关怀。[4] 更有学者认为，股份回购的财源约束是一个商业判断。从债权人的真正关切到具体的财务会计处理，对股份回购财源约束这一问题的分析充满了裁量和判断。首先，股份回购财源约束的实质决定了它本质上是一个商业判断。其次，即便是公司的财务报表数

---

[1] 冯兴俊：《美国公司盈余制度及变迁的启示：法律与会计关系处理、债权人保护》，载《河北法学》2019 年第 7 期，第 104 页。

[2] 张保华：《债权人保护：股份回购资金来源限制的法律漏洞及其填补》，载《证券市场导报》2020 年第 5 期，第 69 页。

[3] 刘燕：《“对赌协议”的裁判路径及政策选择——基于 PE /VC 与公司对赌场景的分析》，载《法学研究》2020 年第 2 期，第 137 页。

[4] 傅穹：《重思公司资本制原理》，中国政法大学 2003 年博士学位论文，第 124 页。

据本身，其会计处理也取决于一系列的判断。[1] 因此应尊重市场主体的自身决断而不应作过多的干预。

（三）股份回购的决策程序

《公司法》第142条规定的股份收购，依照其产生原因不同，应当分别采用股东大会决议和董事会决议两套不同的审议程序。其中，公司以股东大会决议决定收购本公司股份，与《公司法》第99条和第37条规定的股东大会职权相符，在理论和实务上不存争议；公司以董事会决议形式决定收购本公司股份的，则涉及是否符合《公司法》第108条和第46条关于董事会职权之规定的问题。故在股份回购的决策程序上，分为以下观点。

1. 股东会中心主义

采股东会中心主义的学者认为，股份回购事项应尽量采取“股东大会”这一决策程序，避免被董事会利用而影响盈余分配。[2] 基于向董事、使用人转让以及作为股东应分盈余而消除之目的回购本公司股份，如果没有履行必要的股东会决议程序，该行为违法。[3] 虽然《公司法》第142条第1款，其中第（三）、（四）、（五）、（六）项下的股份收购，采用“公司章程或股东大会决议授权 + 董事会决议”模式予以决定，将其简称为“授权决议机制”，但本质上仍然是股东会中心主义。[4] 因此，沪深两市股份回购可参照《香港公司回购本身股份守则》的规定，自己股份回购的，必须经过股东会的

---

[1] 潘林：《股份回购中资本规制的展开——基于董事会中心主义的考察》，载《法商研究》2020年第4期，第124页。

[2] 傅颀、张文贤：《论股份回购的财务效应与会计处理——由《公司法》修改引发的思考》，载《当代财经》2005年第1期，第126页。

[3] 钟明霞、蔡元庆：《股份非法回购之法律救济》，载《法学评论》2003年第4期，第116页。

[4] 叶林：《股份有限公司回购股份的规则评析》，载《法律适用》2019年第1期，第61页。

批准并采用全面要约的程序。[1]

2. 董事会中心主义

持董事会中心主义的学者认为，董事会是最有能力作出这些判断的公司决策机构。[2] 他们从内部治理机制的董事会特征（董事会规模和独立董事）和股权结构（股权集中度和机构投资者持股比例）来研究公司治理与股份回购的关系，认为董事会是确保管理者按照所有股东利益做决策的最重要的公司治理机构。[3] 域外公司法的规定也印证了，股东不得以普通决议就董事会权限范围内的事项作出决议，建议删除我国《公司法》关于董事会职权的规定，而代之以规定“除法律和章程另有规定外，董事会享有经营公司的全部权力”[4]

“‘董事会中心说’的一项基本主张便是，从公司决策的效率角度出发，只有保证董事会的决策权不受股东或法院的掣肘时，独断权的价值才能得到体现。”在“主体—权力—责任”的逻辑线索中，与股东或者股东会相比，董事会应当享有判断股份回购财源约束的最终决策权，董事会是作出这一商业判断的权力和责任主体。[5] 董事会中心主义能体现公司的专业化经营优势。公司权力重心从股东会向董事会的转移是经济发展和社会分工带来的必然结果，也是效率原则决定的选择。[6]

---

[1] 施天涛：《公司取得自己股份法律问题研究》，载《政法论坛》2002 年第 4 期，第 60 页。

[2] 刘燕：《“对赌协议”的裁判路径即政策选择——基于 PE/VC 与公司对赌场景的分析》，载《法学研究》2020 年第 2 期，第 140 页。

[3] 何瑛：《公司治理、管理层权力与股份回购》，载《经济与管理研究》2016 年第 10 期，第 109 页。

[4] 罗培新：《股东会与董事会权力构造论：以合同为进路的分析》，载《政治与法律》2016 年第 2 期，第 124 页。

[5] 潘林：《股份回购中资本规制的展开——基于董事会中心主义的考察》，载《法商研究》2020 年第 3 期，第 124－125 页。

[6] 叶敏、周俊鹏：《股东会中心主义到董事会中心主义——现代公司法人治理结构的发展与变化》，载《商业经济与管理》2008 年第 1 期，第 45 页。

3. 折中主义

折中主义观点建议增加“上市公司股东会可以授权董事会决定在有关情形时回购本公司股份”的规定。同时细化授权应当明确的内容，减少董事会在执行决议时的随意性。[1] 折中主义通过分析域外股份回购的决策主体后认为，公司取得自己股份事关股东权益，理应由股东会决议，但考虑到股东会不易召集且取得自己股份时机的机动性较大，故可规定在章程授权下，由董事会决议作出。这比直接授权董事会决议而事实取得略胜一筹。[2] 针对股东大会并非公司常设机构，而是每年召开一次年会和若干次临时会议、公司之日常经营活动均委托董事会决议的实际情况，折中主义认为应允许董事会对之作出决议，但应对收购股份的种类、数量及总额等作出明确的决议。[3]

（四）股份回购中操纵市场行为的规制

在股份回购与操纵市场的关系中，在公司采对敲、洗售等操纵方式实际实施股份回购操作的场合，其行为本身即构成操纵市场，认定相对简单。而如果采连续交易方式进行回购，是否构成连续交易型操纵市场，在理论界则存在不小的分歧。对于发行公司借股份回购带来的股价上涨效应实现协助大股东减持、防止可转债回售等目的，是否构成操纵市场，也有不同观点。

1. 股份回购与连续交易性操纵市场的关联

第一种观点认为，连续交易行为构成操纵市场，则以操纵市场论。认为连续交易行为是典型的操纵市场形态之一，这一点已为多

---

[1] 李振涛：《护盘式股份回购制度的演进及其设计——基于证券市场异常波动应对的视角》，载《政法论坛》2016年第4期，第81页。

[2] 刘连煜：《公司法原理》，中国政法大学出版社2000年版，第152－153页。

[3] 林燚新：《论我国股份回购制度的完善》，载《北京工商大学学报（社会科学版）》2005年第6期，第89页。

数国家立法所肯定。除我国《证券法》第 77 条第 1 项的规定以外，美国 1934 年《证券交易法》第 9（a）（2）条、日本《证券交易法》第 159 条第 2 项第 1 款、2003 年欧盟《内幕交易与操纵市场指令》第 1 条第 2 项均对此进行了规定。[1] 如果股份回购的目的是通过连续交易行为“引诱”其他投资者跟风买入，则具有操纵恶意而应归责。[2]

第二种观点也是将股份回购作为连续交易行为看待，但论者认为连续交易行为并不构成操纵市场，因此以连续交易方式进行的股份回购也与操纵市场无关。持该观点者在（2007）评价我国《证券法》第 77 条第 1 项[3]关于连续交易型操纵市场条款时指出，既然投资者拥有大量资金本身并不违法；投资者大量购买上市公司的股票本身也不违法，那么为什么“集中资金优势、持股优势……联合或者连续买卖”构成操纵市场？既然收购行为往往会引起该股票价格大幅度上升，而且也与收购方利用资金优势或者信息优势，联合或者连续买卖有关，但一般并不认为其构成操纵市场行为，那么为什么他们所从事的联合或者连续买卖行为就可能构成违法的操纵市场行为。[4] 以连续交易操纵市场与普通交易行为的唯一区别仅在于行为人主观意图不同，而问题在于，认定操纵者的意图是极为困难甚至不可能的。[5]

第三种观点认为股份回购当然属于操纵市场行为，不过由于法律明文允许公司进行股份回购，便意味着豁免了依法进行的股份回

[1] 胡华勇：《从行为特征角度论股票市场操纵行为之有效监管》，对外经济贸易大学 2004 年博士学位论文，第 70 页。

[2] 林国全：《证券交易法研究》，中国政法大学出版社 2002 年版，第 225 页。

[3] 具体条文为：“禁止任何人以下列手段操纵证券市场：（一）单独或者通过合谋，集中资金优势、持股优势或者利用信息优势联合或者连续买卖，操纵证券交易价格或者证券交易量。”

[4] 彭冰：《中国证券法学（第 2 版）》，高等教育出版社 2007 年版，第 397 页，第 119 页。

[5] 胡华勇：《从行为特征角度论股票市场操纵行为之有效监管》，对外经济贸易大学 2004 年博士学位论文，第 70 页。

购操纵市场责任。当公司以连续交易方式买回自己股份时，无论其真实目的如何，均属操纵市场行为。但依法进行的股份回购，可享受责任豁免。[1] 豁免的前提应该是当局对股份回购操作的具体规定相当完备，足以防范操纵市场，否则反而会被公司滥用。[2] 尤其在做市交易中，做市交易与上市公司回购交易一样，即使属于市场操纵，也应当获得市场操纵的特别豁免，[3] 是一种必要的恶。[4]

2. 股份回购与蛊惑交易型操纵市场的关联

对于发行公司借股份回购带来的股价上涨效应实现协助大股东减持、防止可转债回售等目的是否构成操纵市场，也有不同观点。肯定论者认为，此类情形应以操纵市场论。否定论者也有两点理由：第一，发行公司对于其发布的回购计划并无义务实际履行。第二，上述情形不合蛊惑交易型操纵市场的定义。也有学者主张折中论，认为所有行为人以不正当手段，影响证券交易价格或者证券交易量，扰乱证券市场秩序的行为均可纳入操纵市场范畴，且大股东减持、可转债回售风险的回避与股份回购计划发布的因果关系证明存在不小困难。与其在操纵市场认定方面颇费周折，不如改弦易辙，用其他制度设计来防范这一操纵市场的“灰色地带”。[5]

3. 对市场操纵行为的规制措施

（1）安全港制度的引入。建议引进国际通用的“安全港制度”并根据实际需要予以改良，将上市公司“为维护公司价值及股东权

---

[1] 赖英照：《股市游戏规则——最新证券交易法解析》，元照出版社2006年版，第253页。

[2] 陈俊仁：《论库藏股制度与证券市场操纵行为》，载《集保月刊》2005年140期，第42页。

[3] 《市场操纵行为认定指引》第48条规定，上市公司回购公司股份不构成市场操纵。

[4] 萧鑫：《证券做市交易与市场操纵的界分》，载《比较法研究》2019年第1期，第188页。

[5] 朱庆：《论股份回购与操纵市场的关联及其规制》，载《法律科学》2012年第3期，第119页。

益所必需”回购股份限定在一定的范围之内，明确其合法性判准。[1]为防止护盘回购弊端，应更多地在证券法中加强对其事中事后规制。这些规制主要表现在回购股份的程序、方式、数量、回购股份的处理以及内幕交易、操纵市场的防范等方面。上述各个环节构成了护盘回购的“安全港”，更准确地说，是一种“受限制的安全港”，意在表明对超出“安全港”之外护盘回购操作仍坚持相当严格的态度。[2]

（2）刑法规制。世界主要金融市场的监管法律普遍以市场操纵的罪名规制操纵证券、期货市场的犯罪行为，尽管与我国《刑法》中操纵证券、期货市场罪的罪名表述不同，实质上规制的是相同内容。[3]应当明确将滥用技术优势型市场操纵行为纳入刑法规制的范围，同时借助司法解释形成“兜底的兜底”。[4]随着金融市场尤其是资本市场的深化发展，我国《刑法》第182条明示的3类操纵证券期货市场犯罪类型正逐渐演变为证券犯罪市场中相对“低端”的行为模式，因此应以同质性解释规则对操纵证券、期货市场罪“兜底条款”规范边界进行逻辑反思与本质追问，通过司法解释或立法解释将该特定行为的犯罪性质予以明确。[5]

（3）三个地带分别规制方法。我国法律应区分三个地带分别进行规制。具体而言，应引入竞价回购的“安全港”，创建“白色地带”；慎用操纵市场责任，缩减“黑色地带”；配置“安全港”之外

---

[1] 冯辉：《“维护公司价值及股东权益所必需”而回购的法律规制》，载《东方法学》2019年第6期，第115页。

[2] 罗思、赛里格曼：《美国证券监管法基础》，张路等译，法律出版社2008年版，第228页。

[3] 刘宪权：《操纵证券、期货市场罪“兜底条款”解释规则的建构与应用》，载《中外法学》2013年第6期，第108页。

[4] 张保华：《债权人保护：股份回购资金来源限制的法律漏洞及其填补》，载《证券市场导报》2020年5期，第77页。

[5] 熊永明、徐艳君：《操纵证券、期货市场罪“兜底条款”的适用研究》，载《法律适用》2016年第10期，第113页

竞价回购的系列规则，武装“灰色地带”。[1]

此外，还有学者特别针对做市商市场操纵的规制，提出两种做法[2]：①应当对做市商操纵故意的证明设置特别要求，对做市交易的特别因素加以考虑，承担发生假阴性错误的风险；②同时，应该加强市场相关机制的建设，通过和依靠市场竞争来限制做市商的市场操纵行为，纠正和控制假阴性错误所可能造成的实际危害。目前而言较为妥当的措施包括对做市商给予税费优惠以增加做市商数量、允许做市商在交易时间内相互交易、引入必要的做市商反垄断规则等。

（五）股份回购中内幕交易的规制

1. 股份回购内幕交易的认定

当代世界各国规制内幕交易的立法体系可以归纳为信义进路与市场进路。信义进路不断拓宽信义义务人范围边界与判断其交易主观状态；市场进路则限缩或废除内幕交易认定的主体与主观要件，并完善内幕交易客观构成要素。[3]

（1）主体认定方面。对于内幕信息知情人员认定问题，应明确规定证券内幕信息知情人员的实质特征是基于职务可获取证券内幕信息。[4] 同时，对内幕交易犯罪主体是法人组织这一可能性进行认真、深入的考察，是解决目前大量存在的一些金融中介进行内幕交易犯罪的唯一有效途径。[5] 通过对比各国内幕交易法律制度，我国需要进一

---

[1] 朱庆：《上市公司股份回购中操纵市场行为认定与豁免探讨》，载《证券市场导报》2015年第4期，第62页。

[2] 萧鑫：《证券做市交易与市场操纵的界分》，载《比较法研究》2019年第1期，第199页。

[3] 傅穹、曹理：《内幕交易规制的立法体系进路：域外比较与中国选择》，载《环球法律评论》2011年第5期，第125页。

[4] 刘宪权：《内幕交易犯罪情节标准设定问题》，载《法学家》2012年第5期，第39页。

[5] 宋颐阳：《内幕交易罪犯罪主体识别理论之检讨——以美国法为视角的分析》，载《法学》2019年第3期，第153页。

步完善对内幕交易的认定规则，将内幕人的认定范围扩展到所有明知而占有内幕信息的人员，不再以“非法手段”或“私下交易”作为间接内幕人的认定要件，而换之以“知道或应当知道其获得的信息为内幕信息”这一要件。[1] 股份回购的内幕交易应从几个方面入手：一是将公司规定为内幕人员；二是股份回购行为本身构成内幕消息；三是限制内部人交易本公司股份；四是禁止公司的短线交易。[2]

（2）因果关系方面。应明确与内幕交易不存在因果关系的损失类型：①投资人的部分损失是由于市场因素所导致；②投资人的部分损失是由于上市公司发生的其他独立事件所导致；③投资人的损失部分或全部是由其他行为人实施的违法行为所导致；④市场在相关信息依法公开前实际上已经部分或全部获得真实情况并在相关证券、证券衍生产品、期货合约的交易价格方面提前作出反应；⑤原告的损失并非由被告内幕交易行为导致的其他情形。[3]

（3）认定规则方面。通过比较发现，在英美法系国家，有关内幕交易的认定标准主要是法院在具体案件的审理中制定的，大致可分为四种标准，即知悉标准、利用标准、折中利用标准、折中知悉标准。[4] 我国学者建议采取反向认定标准，提出了内幕交易的免责事由，包括：①交易行为与内幕信息无关；②内幕人的交易事先得到了监管机关或主管部门的同意；③为获取另一公司的控制权而进行公开收购或者与该公司合并，在此过程中获得另一公司的内幕信息并且利用该信息；④持有内幕信息的做市商、被许可的经纪商在其正常的营业过程中执行客户买进、卖出的指令而进行证券交易的行为；⑤获

---

[1] 何青、房睿：《内幕交易监管：国际经验与中国启示》，载《经济理论与经济管理》2013 年第 7 期，第 23 页。

[2] 李晓春：《股份回购中内幕交易行为之证券法规制》，载《河北法学》2010 年第 12 期，第 111 页。

[3] 郑勇：《内幕交易侵权民事责任中因果关系的认定研究》，载《证券法律与监管》2018 年第 1 期，第 78 页。

[4] 马其家：《我国证券内幕交易认定标准的构建》，载《吉林大学社会科学学报》2010 年第 5 期，第 154 页。

得监管机构的特别许可，在例外情况下以稳定新发行的或在二级市场上交易的证券价格为目的而进行的交易；⑥交易者能够证明交易对方在交易前已经知道了有关消息；⑦任何机构能够证明与其关联的另一机构进行内幕交易的决定并非其所作出的，也未对此提供意见，并已做好保密工作，以确保另一机构不可能获得有关消息。[1]

2. 股份回购信息披露规则

加强股份回购的信息披露，可以确保回购过程的公平、公正和公开。[2] 对于具体的披露规则，有学者提出框架性建议：第一，在公司董事会作出回购股份的决议后两日内，公司应公告董事会决议及股份回购的预案，包括：回购股份的种类、数量及占总股本的比例、回购资金总额及资金来源、回购目的、方式、价格、期限等。第二，在股东大会表决该预案，应对股东会议的决议进行公告。第三，管理层应对有关股份回购的情况进行适时披露。第四，董事会每年应提交一份专门报告向股东大会报告其批准的购买股票的实现情况。第五，规范公司在要约收购自己股份时的信息披露义务。[3] 也有学者针对其中某个环节提出细化的披露规则，如回购决议内容公布之前，知悉该事实的公司关系人不得买卖该公司股份。回购成功之后，董事会应对现在保有的自己股份的数目、票面额、占股份总数的比例、取得时期、取得价格等作详细说明。[4] 亦有学者提出应以信息披露制度保障护盘回购的公开透明，建议对护盘回购的各主要节点，如股东会作出授权决议、董事会作出具体决议等，均原则性地明确相关披露义务。同时，引入"一致行动人"概念，将上市公司及其关联

---

[1] 李寿喜、汤鸯平：《我国内幕交易案件特征与监管缺陷——基于1998至2016年执法案件的思考》，载《上海大学学报（社会科学版）》2018年第1期，第118－119页。

[2] 贾翱：《公司股份回购的立法模式选择问题探讨》，载《长白学刊》2009年第2期，第87页。

[3] 李晓春、朱道华、林瑞青：《论股份回购中信息披露制度的立法完善》，载《佛山科学技术学院学报（社会科学版）》2010年第2期，第67页。

[4] 马俊驹、林晓镍：《我国股份回购的现实意义与立法完善》，载《法学》2000年第11期，第58页。

人护盘回购的股份数量合并计算，避免分散回购以逃避信息披露义务的行为。[1]

为改善我国目前基本完全依靠证监会干预的制裁和救济体系，加大内幕交易被监测并查处的可能性也是完善我国内幕交易规制体系的一个重要方面。[2] 相应法规的具体内容可包括但不限于：公司及其内幕知情人员不得为取得公司股份的第三方提供预付担保金、贷款担保或支付保证金；公司及其内幕知情人员不得以规避股份回购的相关法律及监管为目的，以提供财务支持的方式，通过第三方购入公司股份；公司也不得为了自身或其关联企业的利益，授权第三方购买该公司的股份；公司回购股份期间，公司关联方、公司内幕知情人及其配偶、未成年子女自己或利用他人名义所持有的股份，不得减持。[3]

3. 股份回购的内幕交易民事责任

从现行立法关于股份回购的责任形式来看，目前主要问题在于，从2005年中国证监会发布的《上市公司回购社会公众股份管理办法（试行）》到2019年1月11日上交所与深交所同日发布的《上市公司回购股份实施细则》，对于违法回购责任的设置重点都在于行政责任（以及刑事责任），对于民事赔偿责任则重视不够，而及时、有效的民事赔偿应成为维护资本市场秩序与加强投资者权益保护的核心。[1] 2015年9月30日，上海市第二中级人民法院一审宣判，判令

---

[1] 李振涛：《护盘式股份回购制度的演进及其设计——基于证券市场异常波动应对的视角》，载《政法论坛》2016年第4期，第81页。

[2] 何青、房睿：《内幕交易监管：国际经验与中国启示》，载《经济理论与经济管理》2013年第7期，第23页。

[3] 方重、武鹏：《上市公司股份回购机制思考》，载《中国金融》2018年第12期，第78页。

[1] 冯辉：《维护公司价值及股东权益所必需”而回购的法律规制》，载《东方法学》2019年第6期，第121页。最高人民法院2015年公布的《关于当前商事审判工作中的若干具体问题》规定，“因虚假陈述、内幕交易和市场操纵行为引发的民事赔偿案件，立案受理时不再以监管部门的行政处罚和生效的刑事判决认定为前置条件”，就显著减轻了投资者/消费者提起证券民事赔偿诉讼的负担。

被告光大证券向6名投资者（原告）赔偿2220～200980元不等的金额。这是我国首例内幕交易民事赔偿胜诉的案件。[1] 针对内幕交易，应完善民事诉讼机制，加大刑事处罚力度，提高行政执法效率，建立内幕人员动态数据库与实行举报激励制度，提高制裁强度、加大威慑力。[2] 同时，严格限定赔偿数额。限制最高额可以保障侵权人的合法权益，但也可能使得受害人的实际损失不能得到有效弥补。也可考虑在证券市场设立投资者补偿基金，通过行政罚款、刑事罚金等方式，弥补没有得到适当赔偿的投资者损失。[3]

三、我国股份回购已有研究的评述及展望

（一）现有研究的进展

就目前搜集的研究资料看，对于股份回购的研究，学者已经采用历史分析方法回顾发达资本市场国家及我国关于股份回购的立法模式和制度变迁，通过比较研究方法分析域外股份回购制度对我国的适用性，通过经济分析方法对股份回购的动因、后果进行分析，以案例分析方法对我国上市公司股份回购法律规制的完善提出有针对性的方案。2019年前大陆尚无上市公司股份回购法律制度研究方面的学术著作，其他以单篇学术论文展现的上市公司股份回购相关法律制度研究的论文中，作者一般都偏重于上市公司股份回购的某一个方面进行写作和论述。

目前，在公司股份回购的立法模式和事前法律规制方面，建立“原则许可、例外禁止”的立法模式已形成共识，普遍认为应扩大合

---

[1] 上海市高级人民法院民事判决书（2015）沪高民五（商）终字第61号。

[2] 李寿喜、汤鸯平：《我国内幕交易案件特征与监管缺陷——基于1998至2016年执法案件的思考》，载《上海大学学报（社会科学版）》2018年第1期，第119页。

[3] 郑勇：《内幕交易侵权民事责任中因果关系的认定研究》，载《证券法律与监管》2018年第1期，第78页。

法股份回购的类型，并在决议主体、决议程序、资金来源、回购数额等方面实现私法自治。同时，从突出对债权人和中小股东权益保护出发，认为股份回购的资金来源必须严格限制，并建立和强化公司控股股东以及董事对公司股东、债权人的诚信义务。在股份回购与市场操纵、内幕交易、规避监管等违法行为的监管和防治方面，学者已达成共识，认为应在证券法中针对股份回购中的内幕交易行为应作联动规范，同时应禁止公司的短线交易行为。对于股份回购中的操纵市场问题，建议分为三个地带，分别设计相关的法律制度。此外，也有学者开始密切关注以市值管理为目的的股份回购行为的法律规制问题，认为护盘回购与操纵市场行为存在法律逻辑上的悖论，应借鉴域外护盘回购的法律规制技术，完善我国的护盘回购制度。

总之，目前我国股份回购的研究，以股份回购及其规制的基本理论为指导，从股份回购的立法模式、事前法律规制、事中法律规制和事后法律规制等各环节展开论证，对我国股份回购法律制度进行了深入探讨并提出了完善对策。

（二）进一步研究的展望

1. 提高域外理论引进与我国国情的适配性

相较于西方资本市场，我国股份回购起步较晚，西方国家股份回购影响因素、经济后果、法律规制的研究是在股票市场多年实践操作的基础上，并有完善的信用评价机制和风险防控机制配合。而我国股市从建立起，便定位于服务上市公司（特别是国有企业）融资，对于股东分红，不仅缺少这种意识和动机，更未培育起这种回馈机制和分配文化。股份回购的现行立法模式是有其客观必然性的，其中转型经济体制是经济原因，公司法定资本制是商法学基础，私法自治观念的淡薄是思想原因。具体来说，中国股份回购有自己的环境特征。

首先，从宏观经济发展状况看，宏观经济发展周期会影响公司自由现金流，从而影响公司股份回购行为。同时，宏观经济状况也会对公司股份回购产生反向作用。经济快速增长刺激投资，而投资项目增加公司资金需求，减少可用于股份回购的自由现金流量。因此，股份回购制度应以我国经济发展大背景为依托，尤其是在十四五时期，不同产业机构的投资需求不同，也会对股份回购产生相应影响。

其次，从公司资本制度看，美国等西方国家采用授权资本制，一方面公司回购所得的自己股份可被视为已授权但尚未发行的股份，另一方面授权资本制对于资本维持原则的要求不高，防止造成债务风险、股东间不平等问题并非授权资本制的任务，但我国对于资本维持的重视程度依然较高，不得不通过强化目的限制、财源规制等方式进行规制。

最后，从股权结构看，中国资本市场起初是由政府组织发展起来的，目的是为解决国有企业的融资困难。为不动摇公有制的主导地位，发展之初就将上市公司的股份分为流动股和非流动股，因此，中国上市公司股权结构的基本特征是股权分置与国有股“一股独大”。故，规范和完善股权结构、建立科学的公司治理结构是我国上市公司股份回购的根本出发点。

然而，目前的研究虽然涵盖了股份回购的事前、事中和事后规制，但是缺乏针对我国金融市场特点的专题研究。因此，我国股权回购的研究不仅要借鉴域外理论和实践经验，更重要的是以我国经济大形势为背景，借助股权回购制度推动股权分置改革和公司治理结构优化，将研究重点从单纯经验借鉴转移到推动中国资本市场发展，针对股权分置问题和国有股“一股独大”问题开展定向回购研究，针对大股东占款问题展开回购对清欠的作用研究，针对宣告回购后大幅度缩减甚至放弃回购计划行为，强化拘束机制。

2. 加强对股份回购的跨学科研究

股份回购本质是一种重要的资本运作和收益分配方式，是资本市场的一项基础性制度安排。也就是说股份回购本质上是一种经济行为，法学学者更多是单纯以法学研究视角进行研究，从制度规范的角度去规制回购行为，却较少立足于回购的经济动因和后果进行分析。目前，仅有个别学者将法学与会计学相融合，在跨部门研究中取得了突出的成绩，[1] 但整体上对于法学与经济学之间的互动研究还有待提高，尤其是在股份回购的法律规制上仍需借鉴制度经济学等成果，学习“一个中心”，也就是科斯定理，它是法律经济学的核心；“两个基本工具”，也就是供求分析和成本收益分析；“三个分析角度”，也就是马克思主义经济方法、市场经济的制度基础及微观经济分析方法；“四个重要概念”，也就是“交易成本”“最大化”“均衡”“效率”。从产权理论、边际分析方法、委托代理模型控制等方面，从成本收益角度分析回购的科学性。具体地说，法学研究学者应加强对经济学尤其是股份回购相关的金融知识的学习，牢固掌握对敲、洗售、做市等基础概念，强化对基础经济工具的掌握程度，尤其是会计学基础知识，提高对资产负债、上市公司财报相关数据的辨识度。其次，不断提高经济敏感性，加强对股份回购典型案例的分析，尤其是强化对新型股份回购方式的研判，从而分析现有规定的不足和完善。

3. 通过股份回购与其他财务政策的联合研究推进立法完善

国内现有研究倾向于将股份回购当作独立事件而进行研究，缺乏考察股份回购前后公司其他财务政策对股份回购的实际影响，且提出的建议不能有效转换为立法。现有的研究在结合我国的制度情境，尤其是结合再融资管制问题的股份回购研究仍较为欠缺，这与股份回购新政力求将股份回购金额视同现金分红以更好保护投资者的政策制定初衷尚不匹配。因此，未来研究中，一是要加强股份回购与公司运营、公司投融资、现金持有等财务政策的联合研究。二

---

[1] 刘燕：《公司财务的法律规制——路径探寻》，北京大学出版社 2021 年版，第 4－10 页

是要结合我国再融资管制、员工持股与股权激励、大股东增减持、机构投资者行为等监管政策，系统考察上市公司股份回购的真实动机、影响机制和经济后果。三是针对现存问题，统筹考虑现行股份回购案与公司其他运营之间的关系，从而为资本市场的健康发展提供更多有益、有针对性的政策建议，提高政策建议的立法转换率。

The Research Process and Prospect of the Legal Regulation of Share Repurchase in China

Tang Shen

Abstract: As an important means of capital operation and value distribution, share repurchase is increasingly favored by the management of Listed Companies in the capital market. On the basis of foreign theories and practical experience, Chinese scholars have conducted in – depth research on the share repurchase system, especially in the field of legal regulation of share repurchase, from the legislative model, the legal regulation in advance, in the event and after the event. However, the existing research lacks the targeted research on the background of China's economic situation, the reform of non – tradable shares, the reduction of state – owned shares and other Chinese characteristics. At the same time, it does not form an interdisciplinary research pattern, and lacks joint research with other financial policies, which is not enough to meet the practical needs of share repurchase.

Key Words: Share Repurchase, market manipulation, information disclosure, Legal regulation